Société des Artistes Indépendants

Catalogue
de la
26ᵐᵉ Exposition

1910

1910

26ᵉ EXPOSITION

Cours la Reine

(Pont des Invalides)

Du 18 Mars au 1ᵉʳ Mai inclus

De 9 heures à 6 heures

LEFRANC & CIE

18, Rue de Valois. - Paris

Exposition Universelle
1878
2 Grands Prix

MARQUE DE FABRIQUE

Exposition Universelle
1889-1900
4 Grands Prix

COULEURS FINES

POUR

la Peinture à l'huile, l'Aquarelle, la Gouache, le Pastel

COULEURS A L'ŒUF & A L'HUILE D'ŒUF

Vernis J.-G. Vibert

COULEURS SOLIDES A L'HUILE DE J.-F. RAFFAELLI

Couleurs mates pour la Décoration Artistique et pour peindre sur Étoffes sans apprêt

PASTELS TENDRES FIXES A LA LUMIÈRE

Vernis pour eau-forte Marque LAMOUR

Ébénisterie et Matériel d'Artiste

DÉPÔT CHEZ TOUS LES MARCHANDS DE COULEURS

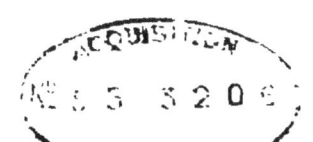

BOURGEOIS Aîné

18, Rue Croix-des-Petits-Champs, PARIS (Ier Arr.)

Trois Usines { 22, rue Claude-Tillier, Paris (12e)
57, rue Armand-Carrel, Montreuil-sous-Bois (Seine)
et à Senon (Meuse)

Fabrique de Couleurs extra-fines

POUR

**Peinture à l'huile, Aquarelle, Gouache, Miniature,
Peinture sur Porcelaine,
Imitation de Tapisserie, Photographie, etc.**

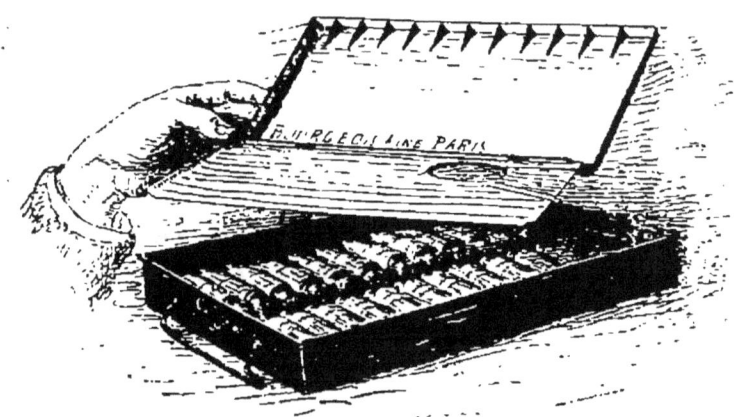

BOITES GARNIES POUR TOUS LES GENRES

MATÉRIEL D'ARTISTES
Pour la campagne et l'atelier

PASTELS SURFINS TENDRES & DEMI-DURS

Matériel de Modelage

OUTILLAGES & BOITES GARNIES
pour le travail artistique du cuir et de l'étain

APPAREILS POUR LE DESSIN AU CRAYON INCANDESCENT

PLANISCULPTURE ET PYRO-DÉCOR-VELOURS

---

*Les articles de la Maison BOURGEOIS Aîné
se trouvent chez tous les Marchands de couleurs et Papetiers.*

Anciennes Maisons Ange Ottoz, Ch. Bertaux, F. Lefebvre
Fondées en 1825

Ph. LECLUSE

FABRICANT

58, Rue de Clichy (IXᶜ), en face de la rue de Parme

Ateliers : 13, rue Eugène-Carrière (Montmartre)

Toiles à peindre et Couleurs extra-fines pʳ le Tableau

Toiles pour l'Aquarelle, le Fusain et le Pastel

Panneaux préparés en Acajou, Bois blanc, etc.

SPÉCIALITÉ DE BITUME OTTOZ & VERNIS A TABLEAUX

Matériel complet et toutes Fournitures générales pour les Artistes

Location de Chevalets, Mannequins, Echelles

DÉPÔT DES MARQUES :

Edouard, Bourgeois, Lefranc, Rowney, Winsor, Newton

ENCADREMENTS EN TOUS GENRES

A l'Académie de Peinture

COULEURS EXTRA-FINES
broyées à l'huile

TOILES A TABLEAUX

Matériel d'Artistes

Couleurs à la DÉTREMPE (Procédé Pereira)
à l'Huile et à l'Ambre dissous de Jacques BLOCKX
Couleurs à l'Huile ambrée de MUSSINI
Marques EDOUARD et LEFRANC
CHEVALET AMÉRICAIN BREVETÉ S. C. D. G
JULES CHAUVIN

César GUICHARDAZ, Succr
29 et 31, Rue du Dragon. — PARIS
Fabrique de Toiles à Malakoff

Ch. Lorilleux et Cie
16, Rue Suger, PARIS

Téléph, 821=18
821=19
821=11

Couleurs à l'huile extra-fines pour Artistes

MM. BERNHEIM JEUNE & Cie

EXPERTS PRÈS LA COUR D'APPEL

EXPOSITIONS

15, RUE RICHEPANSE

Magasins à Paris :

25, boulevard de la Madeleine ;
15, rue Richepanse ;
36, avenue de l'Opéra.

Membre Fondateur en juin 1884
M. DUBOIS-PILLET, décédé le 17 août 1890.

La Société des
" Artistes Indépendants "
basée sur la suppression des Jurys
d'admission, a pour but de permettre aux
Artistes de présenter librement
leurs œuvres au jugement
du Public.

MEMBRES D'HONNEUR

CHABERT et DELHOMME, conseillers municipaux de Paris (décédés).

LEBRUN, attaché au Secrétariat du Conseil municipal de Paris (décédé).

NUMA-DROZ, ancien Président de la Confédération Helvétique, Chef du Département des Affaires Étrangères, Conseiller Fédéral Suisse (décédé).

DUJARDIN-BEAUMETZ, Sous-Secrétaire d'État aux Beaux-Arts.

Albert SARRAUT, Sous-Secrétaire d'État au Ministère de la Guerre.

DENYS COCHIN, député.

SEMBAT, député.

DUFOUR, député.

MITHOUARD, TUROT, POIRY, CHÉRIOUX, Paul ESCUDIER, QUENTIN BAUCHARD, conseiller municipaux de Paris.

DAVRIGNY, ancien Vice-Président.

FULLER, Sociétaire 1884.

A. MELLERIO, ancien délégué de la Société à la Presse.

Membre Fondateur : DUBOIS-PILLET, décédé le 17 août 1890.

COMITÉ

Président Honoraire :
E. VALTON, rue Saint-Vincent, à Maule (Seine-et-Oise).

Président :
SIGNAC, 16, rue la Fontaine, (16e).

Vice-Présidents :
PAVIOT, 63, rue Caulaincourt (18e).
LUCE, 102, rue Boileau (16e).

Secrétaire :
SÉGUIN, 10, rue des Buissons, La Garenne-Colombes (Seine).

Secrétaire-adjoint :
Paul DELTOMBE, 25, rue Daguerre (14e).

Trésorier :
PÉRINET, 7, rue de Citeaux (12e).

Membres :

CARIOT, à Périgny-sur-Yerres, par Mandres (Seine-et-Oise).

HERMANN-PAUL, 12, rue Faustin-Hélie (16e).

JANSSAUD, 9, impasse de l'Astrolabe (15e).

KLINGSOR, 28, avenue du Parc-Montsouris (14e).

LAPRADE, 14, rue Mayet (6e).

LEBASQUE, 15, avenue Perrichont (16e).

MADELINE, 17, quai Voltaire (7e).

MARQUE Albert, 62, rue Bargue (15e).

MARQUET, 19, quai St-Michel (5e).

MANGUIN, 7, rue Saint-James, Neuilly-sur-Seine.

HENRI-MATISSE, 42, route de Clamart, Issy (Seine).

OTTOZ, 7 bis, Rue Duperré (9e).

PATERNE-BERRICHON, 18, avenue de la Frillière (16e).

POULAIN, 35, rue Linné (5e).

Conseil Judiciaire :
Me Gustave FORTIER, avocat à la Cour d'appel, 22, r. Gay-Lussac (5e).
Me Eugène CAHON, avoué de 1re instance, 25, 2. Gay-Lussac (5e).

Agent comptable :
A. ROUTIER, 64, rue de la Vallée du Bois, Clamart (Seine).

COMMISSION DE PLACEMENT

Président : Turin.

Secrétaires : Barat-Levraux, Friesz.

PEINTRES

- Barat-Levraux.
- Bauche.
- Bénoni-Auran.
- Chénard-Huché.
- Delestre.
- Deltombe (Paul).
- Déziré.
- Dorignac.
- Gabriel-Rousseau.
- Giran-Max.
- Girieud.
- Janssaud.
- Klingsor.
- Lacoste.
- Laprade.
- Le Bail.
- Lebasque.
- Le Beau.
- Luce.
- Madeline.
- Manguin.
- Ottmann.
- Ottoz.
- Paviot.
- Petitjean.
- Plumet.
- Roustan.
- Robin (Maurice).
- Turin.
- Urbain.

SCULPTEURS

- Bouche (Georges).
- Camoin (Charles).
- Charlot.
- Friesz.
- Hélis.
- Clément (Marcel).
- Metzinger.
- Roby (Gabriel).
- Signac.
- Vallée (Ludovic).

SUPPLÉANTS

- Bourgouin.
- Halou.
- Loysel.
- Marque (Albert).
- Soliva.

DÉSIGNATION[1]

ABADI (René), né à Auch (Gers). — 7, rue Belloni, Paris.

   *1 La Cible.

ABELOOS (Paul), né à Louvain (Français). — 36, rue Beaurepaire, Paris.

   *2 Plage du Nord.
   *3 Intérieur.
   *4 Le Quai de Valmy (Novembre).
   *5 Jardin.
   *6 Le Crotoy (Port à marée basse).
   *7 Porte de Nevers à St-Valéry-sur-Somme.

---

(1) L'astérisque placé à côté des numéros indique les œuvres à vendre.

On peut se procurer, au Secrétariat de l'Exposition, tous les renseignements nécessaires à l'achat des ouvrages, prix des œuvres et adresses des auteurs.

Un papillon rouge, mis sur les tableaux, indiquera les œuvres vendues.

ABRAMOWITZ (Albert), né à Riga (Russie). — 3, boulevard Bessières, Paris.

*8 Les Sirènes.
*9 Présentation.
*10 Centaure.
*11 Marine.
*12 Dessins d'époques.
*13 Nature morte.

ACHENBACH (Mlle Gabrielle), née à Nucourt (Seine-et-Oise). — 7, rue Scheffer, Paris.

*14 Jeune fille de Hornberg.
*15 Paysanne au fichu rouge.
*16 Tête d'étude.
*17 Nature morte (sucrier, etc.).
*18 Nature morte.
*19 Gerbe de fleurs des champs.

ANDRIKA (Adam), né en Islande. — 37, rue Denfert-Rochereau, Paris.

*20 L'amour s'en va.
*21 L'amour revient.
*22 La coquetterie.
*23 La danseuse.
*24 Adam et Ève.

ADOUR (Mlle Pauline), née à Paris. — 19, rue d'Enghien, Paris.

    *25 Calme le soir.
    *26 Le vent de mer (Noirmoutier).
    *27 Automne au Luxembourg.
    *28 Saint-Cloud (Automne).
    *29 Saint-Cloud.
    *30 Saint-Cloud.

AGERO (Auguste), né à Madrid. — 13, rue Ravignan, Paris.

    *31 Le Dante (bas-relief en cuivre martelé).

AGUTTE (Mme Georgette), née à Paris. — 11, rue Cauchois, Paris.

    *32 La captive (peinture à l'huile).
    *33 La Japonaise nue (peinture à l'huile).
    *34 L'Engadine l'hiver (aquarelle gouachée).

ALAVOINE (Marcel), né à Paris. — 54, rue Monsieur-le-Prince, Paris.

    *35 Versailles (une allée en automne).
    *36 La rue St-Romain (Rouen).
    *37 Femme assise (étude).

*38 Cuivre (étude).
*39 Cuivre et Pommes.

ALBERT (Adolphe), né à Paris. — Aux Andelys (Eure).

*40 Le château Gaillard (côté sud).
*41 Le quai des Andelys.
*42 Le château Gaillard (côté ouest).
*43 L'inondation (janvier 1910).
*44 Coin de jardin.
*45 Le château Gaillard (côté nord-ouest).

ALDER (Emile), né à Zurich (Suisse). — 6, avenue de Longueil, Maisons-Laffitte (Seine-et-Oise).

*46 Etude (figure).
*47 Etude (figure).
*48 Etude (figure).
*49 Etude (paysage).
*50 Etude (paysage).

ALEXANDROVITCH (A.-I.). — 179, avenue d'Argenteuil, à Asnières (Seine).

51 Dos de femme (peinture).
52 Au piano (peinture).
53 Paul Vibert (peinture). (Appartient à M. P. T.)

54 Gustave Hervé (pastel).
55 Francisco Ferrer (lithographie).
56 Amilcare Cipriani (lithogr. originale).

ALLAIN (René), né à Baccarat (Meurthe-et-Moselle). — Vierzon-Forges (Cher).

*57 Le Cher (près Montluçon, Allier).
*58 Ruines (Souvenir de Jumièges).
*59 A marée basse (Bretagne).
*60 Bords de la Loire.
*61 Le calme (paysage décoratif).
*62 Effet de soleil sur la Seine (Paris).

ALLARD (André), né à Rouen. — 64, rue des Cottes, Rouen (Seine-Inférieure).

*63 Intérieur.
*64 Intérieur.
*65 Intérieur.
*66 Intérieur.
*67 Intérieur.

ALLARD-FRÈRE (Mme Noémi), née à Rouen. — 64, rue des Cottes, Rouen (Seine-Inférieure).

*68 Nature morte.
*69 Les meules (temps gris).

*70 Rentrée à la ferme.
*71 Paysage la nuit.
*72 Fin de journée.
*73 Etude de pins au soleil.

ALLARD-L'OLIVIER (Fernand), né à Tournai (Belgique). — 132, boulevard du Montparnasse, Paris.

*74 Effet de neige à Grenelle.
*75 Pœpade à la Panne (Belgique).
*76 Guinguette à Bourg-la-Reine (Soleil).
*77 Clamart, place Hunebelle (crépuscule).
*78 Tournai (L'Escaut).
*79 Clamart (soleil d'hiver).

ALLÈGRE (Albert), né à Paris. — 13, rue Vaugelas, Paris.

*80 Le barrage d'Andrésy.
*81 Vieilles maisons à Fin d'Oise.
*82 Le jardin du Luxembourg.
*83 Rue Zacharie et rue St-Julien-le-Pauvre (Deux eaux-fortes dans le même cadre).

ALLUAUD (Eugène), né à Limoges. — 128, rue Grange-Garat, Limoges.

*84 Paysage à Crozant (vue sur les ruines).
*85 Paysage à Crozant (roche de l'Echo).

*86 Tournant de la Creuse.
*87 Canal à la Tremblade.
*88 Germaine et Renée à Didonne.
*89 Le lac d'Espingo.

ALTAMURA, né à Firenze. — 18, rue Brunel, Paris.

*90 Versailles.
*91 Venise (palais du silence).
*92 Dieppe (marée basse).
*93 Enigme ?
*94 Palais de Versailles.
*95 Etude.

ALY (Gustave), né à Arras (Pas-de-Calais). — 3, rue Brodu, Paris.

*96 Eglise de Vélizy (S.-et-O.)
*97 Paysage à Jullouville (Manche).
*98 Cour de ferme.
*99 Coup de vent.
*100 Marine.

AMAUDRU (René), né à Lizy-sur-Ourcq. — Poligny (Jura).

*101 Paysage du Jura.

ALMECH (M#lle# Jane), née à Paris. — 59, avenue de Saxe, Paris.

*102 Danseuse (statuette plâtre patiné).

ALTMANN (Alexandre), né à Odessa. — 2, passage de Dantzig, Paris.

103 Rue Robert-Lindet.
104 Pont de Billancourt.
105 Versailles.
106 Etude.
107 La neige.

AMORETTI (Gabriel). — 59, avenue de Saxe, Paris.

*108 Pommes.
*109 Le thé.
*110 Berges à Puteaux.
*111 Berges à Grenelle.
*112 Reflets.
*113 Péniches à l'île des Cygnes.

ANCELME (Narcisse), né à Pillon (Meuse). — 9, passage de l'Elysée-des-Beaux-Arts, Paris.

*114 Lisière de forêt à l'automne.
*115 Matinée d'hiver (neige et givre).

*116 Matinée d'hiver sous le soleil.
*117 A la terrasse de Meudon.
*118 Sous bois au Pré Catelan.
*119 Sous bois d'automne.

ANDERS (Mlle Mary), née à Saint-Pétersbourg (Russie). — 52, avenue du Maine, Paris.

120 Portrait de femme (appartenant à M. Tchardirisky).
*121 Impressions de fleurs.
122 Masque (fragment décoratif).
*123 Mer à travers branches (étude).
*124 La mer (étude).
*125 Arrangement en vert et orange (étude de femme).

ANDRÉ (Eugène), né à Bayeux (Calvados). — 6, rue du Bac, à Charenton (Seine).

*126 Dans la Saulaie (effet gris).
*127 Coucher de soleil en Seine, à Maisons-Laffitte (St-et-O.).
*128 Matinée d'été dans les Graverolles, à Annet (S.-et-M.).
*129 Chemin montant, le soir à Annet (S.-M.).
*130 Temps d'orage sur la Seine à la Frette (S.-et-O.).
*131 Dans les dunes le soir à Sallenelles (Calvados).

ANDRÉ-FAURE, né à Philippeville. — 20, boulevard du Montparnasse, Paris.

*132 Plein air.
*133 Intérieur.
 134 Portrait.
*135 Intérieur.
*136 Fleurs.
*137 Etude.

ANDRIKA (Voir nos 20 à 24, page 12).

ANGEBEAUX (E.), né à Paimbœuf (Loire-Inférieure). — 83, rue Fazillau, Levallois-Perret (Seine).

*138 Nature morte.
*139 Un buveur d'eau.
*140 Fleurs.
*141 Sur le balcon.

ANGRAND (Charles). — Saint-Laurent-en-Caux (Seine-Inférieure).

*148 La femme et son mouton.
*149 Les errants sous la pluie.
*150 Le cheval au rouleau.
*151 La charrue.

ANITCHKOF (Alexandre), né à Saint-Pétersbourg. — 59, rue des Saints-Pères, Paris.

*152 Paysage d'hiver (Nord de la Russie).
*153 Crépuscule d'octobre (Nord de la Russie).

ANTHONE (Armand), né à Paris. — Aux Sables, Blanc-Mesnil (Seine-et-Oise).

*154 Coucher de soleil (bord de l'Hudson) New-York.
*155 Une propriété à Orange, New-Jersey (Amérique).
*156 Matin à New-Rochelle, New-Jersey (Amérique).
*157 Neige (Le chemin de fer élevé à New-York (Amérique).
*158 La plaine à Blanc-Mesnil (S.-et-O.).
*159 Vieille Eglise à Aulnay-sous-Bois.

ANTIGNA (Marc), né à Paris. — Villa des Troënes, Montigny-sur-Loing (Seine-et-Marne).

*160 Vitrine contenant 6 miniatures en ivoire.
  I. Heure mystique.
  II. Retour de promenade.
  III. Confidence.
  IV. Les Raisins.
  V. Vénus aux bains, d'après Boucher.
  VI. Portrait du général D...

ARCHIPENKO (Alexandre), né à Kiew. — 4, rue de Lanneau, Paris.

*161 Vendangeurs (plâtre).
*162 Les grenades (plâtre).
*163 Groupe (bas-relief plâtre).
*164 Portrait de Mlle S... (plâtre).
*165 Peinture.
*166 Figure en bois.

ARNAVIELLE (Jean), né à Paris. — 5, rue Stanislas, Paris.

*167 Allée de Cérès (Versailles).
*168 La nymphe à la couronne (Versailles).
*169 Vase antique (Versailles).
*170 Sphinx sur la terrasse (Versailles).
*171 Matinée de printemps (Versailles).
*172 Crépuscule (Versailles).

ARREGUI (Romana), né à Bilbao (Espagne). — 67, rue de Clichy, Paris.

*173 Un mousquetaire (peinture).
*174 Mousquetaire à la pipe (peinture).
*175 Mousquetaire buvant (peinture).
*176 L'âne et la femme (peinture).
*177 Un coin du parc Monceau (peinture).
*178 Tête de femme (pastel).

ARTIGUE (Bernard-Joseph), né à Muret (Haute-Garonne. — Blaye, par Carmaux (Tarn).

*179 Le Poète.
*180 Les Promis.
*181 L'aïeule.
*182 Le bouvier.
*183 Trois dessins.
*184 Trois dessins.

ASSELIN (Maurice), né à Orléans. — 51, boulevard Saint-Jacques, Paris.

185 Etude pour un portrait.
*186 Jeune Bretonne tricotant.
*187 Fin d'automne en Bretagne.
*188 Tulipes et pommes.
*189 Bateaux à marée basse (Bretagne).
190 L'usine (appartient au docteur M. R.).

AVITABILE (Gennaro), né en Italie. — 187, rue de la Pompe, Paris.

*191 Chambre de la reine Marie-Antoinette (Fontainebleau).
*192 Vues de Paris.
*193 Modèle au repos.
*194 Nature morte.

BABAÏAN-CARBONELL (Mme), née à Tiflis. — 32, rue de la République, Meudon (Seine-et-Oise).

*196 Branche de pommier en fleurs.
*197 Renoncules.
*198 Fleurs.
*199 Nature morte.
*200 Etude.

BACH (Marcel), né à Bordeaux. — 7 et 9, rue Alain-Chartier, Paris.

*201 Maisons au cumulus.
*202 Tournant de route (Midi).
*203 Vieille église du Midi.
*204 Le soir sur le côteau à Episy (S.-et-M.).
*205 Bateau-ponton (Suresnes).
*206 Paysage (étude).

BACHMANN (Adolphe), né à Lausanne. — 7 bis rue Denis-Gogue, Clamart (Seine).

*207 Soleil levant.
*208 Paysage.
*209 Paysage.
*210 Cabaret champêtre.

BAFFIER (Jean), né à Neuvy-le-Barrois (Cher). — 6 bis, rue Lebouis, Paris.

    211 Un meuble en chêne, garni de 6 pièces étain et cuivre, constituant un monument familier.

BAIGNÈRES (Paul), né à Paris. — 242, boulevard Raspail, Paris.

    ***212** Saint-Gingolph (lac Léman).
    ***213** Enfants jouant.

BAILLEUL (Edmond), né à Lille (Nord). — 52, rue Lhomond, Paris.

    ***214** Paysage.
    ***215** Paysage.
    ***216** Paysage.
    ***217** Paysages pochade.

BAILLY (Charles-Adolphe), né à Paris. — 21, rue de Cronstadt, à Bécon-les-Bruyères (Seine).

    ***220** Brumes matinales à Ville-d'Avray.
    ***221** Après-midi à Bagatelle.
    ***222** Les nymphéas de Bagatelle.

*223 Fin d'un jour d'octobre (la Seine devant Bagatelle).
*224 Une saulaie à Arquian (Nièvre).

BAILLY (Cyril), né à Marolles-Hurepoix (Seine-et-Oise). — Arpajon (Seine-et-Oise).

225 Sous bois (pastel).
226 Bouquet d'arbres (pastel).
227 Chaumière (pastel).

FRANK-BAL. — 5, rue Dailly, Saint-Cloud (Seine-et-Oise).

*228 Groupe de six études.
*229 Paysage Valaisan (Suisse).

BALLY (Mlle Alice), née à Genève. — 11, rue Boissonade, Paris.

230 Etude.
231 Etude.
232 Etude.
233 Etude.
234 Etude.
235 Etude.

BALTUS (Jean). — 42, rue d'Angleterre, Lille (Nord).

*236 Automne (cueillette des olives en Provence).

BARABINO (A.), né à Nice (Alpes-Maritimes). — 54, rue Daguerre, Paris.

*237 La République (médaillon terre cuite).
*238 L'électricité (buste marbre).
*239 Sainte Cécile (statuette terre cuite).
*240 Vierge avec enfant (statuette pierre polichromée).
*241 Satyres (deux bustes Hermes, fac-similé ancien style).

BARAT-LEVRAUX (Georges), né à Blois. — 103, rue Caulaincourt, Paris.

*242 Chemin de ronde.
*243 Intérieur.
*244 Après-midi d'été.
*245 Blois.
*246 Temps gris sur la Loire.
*247 Etude de paysage.

BARBEY (Valdo-Louis), né à Valleyres. — 1, rue des Saints-Pères, Paris.

*248 Paysan et bœufs.
*249 Paysanne.
*250 Portrait.
*251 Etude de nu.

BARCET (Emmanuel), né à Lyon. — 16, rue Chanoinesse, Paris.

*252 Enfant au miroir.
*253 Le port de Cannes.
*254 Quai de Seine.
*255 Une gorge de la Creuse.
*256 « Biset ».
*257 Le pont Louis-Philippe et l'Ile Saint-Louis pendant l'inondation.

BARDELLE (Léon), né à Limoges. — 35, rue Boulard, Paris.

*258 Fin d'automne et paysage.
*259 Paysage d'hiver (étude).
*260 Moulin en Limousin (étude).
*261 Après-midi d'été (étude).
*262 Le soir en Limousin (étude).
*263 Environs d'Eymoutiers (étude).

BARDEY (Mlle Jeanne), née à Lyon. — 1, square Delambre, Paris et 14, rue Robert, Lyon.

  264 Onze dessins.
  265 Onze dessins.
  266 Aqua-tinte.
  267 Baigneuse.
  268 Pointe-sèche.
  269 Eau-forte.

BARDOT (Louis), né à Falquemont. — 22, rue des Prêtres, Lyon.

  270 Paysage.
  271 Paysage.
  272 Paysage.
  273 Paysage.

BARON (André-Edgard), né à Flers (Orne). — 24, rue du Faubourg-Saint-Denis, Paris.

  *274 Géraniums.
  *275 Livres et armes.
  *276 Vase de roses.

BARON (Charles-Eugène), né à Paris. — 102 ter, rue Lepic, Paris.

  *277 Crépuscule.
  *278 Matinée d'été.

*279 Coucher de soleil à Rothéneuf.
*280 Temps gris à Rothéneuf.
*281 Pastèque et citrons.
*282 Nature morte (étude).

BARON (Marcel), né à Paris. — 60, rue des Tournelles, Paris.

*283 Un saule (matin).
*284 En Auvergne.

BARON (Robert), né à Thiel (Allier). — 5, rue des Saints-Pères, Paris.

*285 Levrette (étude plâtre).
*286 Panthère revenant de la chasse.
*287 Panthère aux aguets.

BÄRWOLFF (Georges), né à Bruxelles. — 42, rue Fontaine, Paris.

*288 Etude à Montmartre.
*289 Etude place Blanche.
*290 Etude place Pigalle.
*291 Effet de neige.
*292 Etude place Pigalle.
*293 Etude à Montmartre.

BASTIDE (Noël). — 78, rue de la Tour, Paris, et 2, rue Barcelone, Narbonne (Aude).

*294 La femme de l'artiste malade.
*295 La route le matin (environs de Narbonne)
*296 Coin de marché en Cerdagne.
*297 La route de Narbonne à Bâges (étude).
*298 Une rue à Gruissan, près Narbonne (étude).
*299 Matinée de printemps à Gruissan, près Narbonne (étude).

BATIGNE (François), né à Marseille. — 17, rue Charlemagne, Paris.

*300 La fillette.
*301 Paysage.
*302 Sur la table.

BAUCHE (Léon-Charles), né à Paris. — 2, passage de Dantzig, Paris.

*303 Le Grand Trianon (Versailles).
*304 Le Petit Trianon (Versailles).
*305 Le parterre d'eau (Versailles).
*306 Un bassin à Trianon.
*307 Un bassin à Saint-Cloud.
*308 Paysage.

BAUDET (Marie), née à Tagnon (Ardennes). — 89, boulevard Vasnier, Reims.

*309 L'enterrement de la voisine du Chemin vert (croquis au trait).
*310 Coucher de soleil.
*311 Vieille femme chez elle (Tagnon).
*312 Champs d'Ardennes (fin de jour).
*313 Maisonnette en Flandre.
*314 Pommes rouges.

BAUDOT (Emile-Marcel), né à Paris. — 26, rue de l'Yvette, Paris.

315 Buste de jeune fille (étude plâtre).
316 Buste terre cuite (portrait de Mlle G. R.)
317 Danseuse antique (statuette plâtre patiné).
318 Femme assise (statuette terre cuite).

BAUDOT (Mlle Jeanne), née à Paris. — 4, rue du Général-Foy, Paris.

*319 Bacchante.
*320 Femmes Kabyles.
*321 Etude.

BAUDOUIN DE COURTENAY (Mme Sophie), née à Cracovie. — 9, rue Campagne-Première, Paris.

*322 Une tête.
*323 Une scène.
*324 Miniature.

BAUDREUIL (J.-H.), né à Meudon. — 9, rue du Cherche-Midi, Paris.

325 Vue sur Grandson.
326 Canton de Vaud.
327 Canton de Vaud.
328 Canton de Vaud.
329 Un coin de la Nièvre.
330 Pochade de nuages.

BAUSIL (Louis), né à Carcassonne. — 66, avenue de Châtillon, Paris.

*331 Collioures.
*332 Soir dans les Albères.
*333 La plage d'Argelès-sur-Mer.
*334 L'Ouille (environs de Collioure).
*335 Mas dans les Albères.
*336 Les Albères à Collioure.

BAZEILLES (Albert), né à Bordeaux (Gironde). — 15, rue Bourgeois, Paris.

 *337 L'inconstant.
 *338 Jupiter amoureux.
 *339 Sous bois (bois de Boulogne).
 *340 Printemps (bois de Boulogne).
 *341 Le trophée.
 *342 Le Moulin de Longchamp (bois de Boulogne).

BEAUCLAIR (René), né à Montauban. — Castelnau-de-Montmirail (Tarn), et 8, rue de la Glacière, Paris.

 *343 Brive.
 *344 Paris (rue Lepic).
 *345 Nature morte.
 *346 Le jardin.
 *347 Etude.
 *348 Paysage.

BEUFRÈRE (Adolphe), né à Quimperlé. — 3, rue Cauchois, Paris.

 *349 La rue du Mont-Cenis à Montmartre.
 *350 Paysage de Bretagne.
 *351 Paysage de Bretagne.
 *352 Paysage de Bretagne.
 *353 Nature morte.
 *354 Nature morte.

BECAGLI (Mme Marguerite), née à La Côte-Saint-André (Isère). — 18, rue Demours, Paris.

*355 Mousquetaire aux dés.
*356 Le vieux buveur.
*357 Mousquetaire à la pipe (pastel).
*358 Nature morte.
*359 Nature morte.
*360 Nature morte.

BECKER (Georges), né à Tours (Indre-et-Loire). — 120, rue Marcadet, Paris.

*361 Chaume normand.
*362 Tête de brune.
*363 Vers la vallée.
*364 Etude de nu.
*365 Pudeur.

BEHRMANN (Adolf), né à Riga. — 2, passage de Dantzig, Paris.

*366 Revue.
*367 Danse de Salomé.
*368 Paysage.
*369 Versailles (étude).
*370 Salomé baisant le tête de Jochanan.
*371 Nature morte.

BEISSIER (Hector), né à Avignon (Vaucluse). — 10, boulevard de Strasbourg, Paris.

*372 Paysage à Perros-Guirec (Bretagne).
*373 Mon bureau.

BELLET (Mlle Anna), née à Guipry (Ille-et-Vilaine). — 50, rue Truffaut, Paris.

*374 Midinette (pastel).
*375 Oignons (nature morte).
*376 Vieille rue à Auray et femme au rouet.
*377 Rue du Pavé (Auray).
*378 Temps gris au Mané-Meur.
*379 Rue du Village à Kerné.

BENDA (G.-K., né à Paris.— 12, rue de la Grange-Batelière, Paris.

380 Portrait dans un intérieur.
     (Appartient à Mme K...).
*381 Etude.
*382 San Hario (étude).
*383 Bogliasco (étude).

BÉNÉZIT (Emmanuel-Charles), né à Paris. — 328, rue Saint-Jacques, Paris.

*384 Les inondations à Vitry-sur-Seine (janvier 1910, la ferme aux Oies).

*385 Les inondations à Vitry-sur-Seine (janvier 1910, le bas du pays sous l'eau et la glace).
*386 Lisière du Buisson de Verrières (automne).
*387 La rue Houdan à Sceaux.
*388 Champ de blé (temps couvert).
*389 Un chemin dans le Buisson de Verrières.

BÉNONI-AURAN, né à Monteux (Vaucluse). — 32, rue de la Santé, Paris.

*390 Autrefois (nature morte).
*391 Oranges et pommes (nature morte).
*392 La faveur (nu).
*393 Le corset (médaillon).
*394 Pièce d'eau au château de St-Sorlin.
*395 Place de l'Observatoire.

BERGIER (Alfred), né à Avignon. — Villa des Pensées, Saint-Ruf, Avignon.

*396 Le quai de la Ligue (Avignon).
*397 L'Eglise de Villeneuve (Gard).
*398 Cyprès.
*399 Effet du soir (les Angles, Gard).
*400 Etude près Avignon.

BERGLING (John), né à Sockholm. — 108, rue du Faubourg-Saint-Honoré, Paris.

 *401 Clair de lune.
 *402 Clair de lune.
 *403 Motif de Suède.
 *404 Paysage (Moret).
 *405 Paysage (Suède).
 *406 Paysage (Suède).

BERNARD (Mlle Marguerite), née à Montauban. — 3, rue Princesse, Montauban (Tarn-et-Garonne).

 *407 La mare.
 *408 Matinée grise.
 *409 La charrette.
 *410 Tête (étude).
 *411 Dans le parc.
 *412 Fleurs.

BERN-KLENE, né à Amsterdam. — Veneux-Nadon, par Moret (S.-et-M.).

 *413 Coin de rue parisienne.
 *414 Jour de lessive.
 *415 Les « Quatre Saisons ».
 *416 Marchande de fleurs.

BERSONNET (Paul), né à Paris. — 44, rue Richer, Paris.

*417 Etude de nature morte.
*418 Premier acte de Carmen (projet de décor gouache).
*419 Vieilles maisons de Nürenberg (mine de plomb gouachée).
*420 Marine.
*421 Projet pour V^e acte des *Huguenots*.
*422 Clair de lune (gouache).

BERTAUX (René), né à Paris. — 2, passage Stanislas, Paris.

*423 Portrait.
*424 Crépuscule en automne.
*425 La parade à la fête.
*426 Golfe en Bretagne.
*427 Etude.
*428 Les manèges.

BERTEAULT (Louis), né à Genève. — 140, avenue Albert, Uccle-Bruxelles.

*429 La vieille maison.
*430 La ferme rose en hiver.
*433 Les vieux hêtres du Crabbegat.
*434 Le chemin creux.
*435 Matinée d'hiver à Uccle.
*436 Journée de printemps au Béguinage (Bruges).

BERTHE (Maurice), né à Paris. — 237, rue du Faubourg-Saint-Martin, Paris.

 *437 Vieille chapelle (Crécy-la-Chapelle).
 438 La Grande-Rue (Crécy-en-Brie). Appartient à M. L...
 439 Vieilles maisons (Voulangis). Appartient à M. L...
 *440 Quai des Tanneurs (Crécy-en-Brie).
 *441 Vieilles maisons (Crécy).
 *442 Moisson.

BERTRAND (Pierre), né à Lorient (Morbihan). — 2, rue des Moines, Paris.
 *443 La rivière de Port-Rhū (Douarnenez).
 *444 Les sapins et la baie (Douarnenez).
 *445 Profondeur d'eau (Bretagne).
 *446 Profondeur d'eau (Bretagne).
 *447 Soir sur la baie (Douarnenez).
 *448 Etude (Douarnenez).

BERTRAND DE FONTVIOLANT (Edouard), né à Romilly-sur-Seine (Aube). — 21, rue Faraday, Paris.

 *449 Fontainebleau (Maison de jardinier au parc).
 *450 Fontainebleau (bouleaux, matinée d'automne).
 *451 Fontainebleau (bruyères au Parquet).

*452 Fontainebleau (champ de tir, soir).
*453 Fontainebleau (champ de tir, soir).
*454 Fontainebleau (forêt vers Macherin, soir)

BESNARD (Arthur), né à Blois (Loir-et-Cher). — 17, passage Davy, Paris.

455 Brouillard d'automne.
456 Avant la pluie.
457 La Cressonnière de Soisy (brume).
458 Avenue de l'Alma (inondation).
459 Coin de Maisons-Alfort (inondation).
460 Boulevard de Bercy (inondation).

BESSON-DANDRIEUK (J.-P.), né à Brinon (Nièvre). — 55, rue Rennequin, Paris.

*461 Femme et enfant.
*462 Etude de café-chantant (I.).
*463 Etude de café-chantant (II.).
*464 Paysage du Midi.
*465 Paysage du Nord.

BICHET (Ch.). — 12, rue d'Antony, Limoges.

*466 La maison blanche (étude).
*467 Figure (étude).
*468 Neige (étude).

*469 Brouillard (étude).
*470 Pommes (étude).
*471 Fleurs (Etude).

BIELER (Mlle Hélène von), née à Lindenau West-preussen. — 9, rue Campagne-Première, Paris.

*472 Nature morte.
*473 Nature morte.
*474 Porcelaine bretonne.
*475 Nature morte.
*476 Roses.
*477 Roses blanches.

BIETTE (Jean), né au Havre. — 15, rue Racine, Le Havre.

*478 Nature morte (avec un plâtre).
*479 Nature morte.
*480 Paysage.

BILLAND (Jules), né à Château-Thierry (Aisne). — 36, rue Lacroix, Paris.

481 Nature morte.
482 Nature morte.
483 Fleurs.
484 Paysage.

BILLE (Jacques), né à Paris. — 163, avenue Victor-Hugo, Paris.

*485 Chrysanthèmes.
*486 Roses de juin.
*487 Œillets.
*488 Roses roses.
*489 Roses d'hiver.
*490 Roses Malmaison.

BILLETTE (Raymond), né à Paris. — 9, quai d'Anjou, Paris.

491 Nature morte (fleurs et fruits).
492 Nature morte (fleurs et fruits).
493 Portrait de femme sur fond jaune.
494 Nature morte (fleurs et fruits).

BIRR (Jean-Joseph), né à Colmar (Alsace). — 63, rue Saint-Didier, Paris.

495 Sur le divan.
496 La brioche (nature morte).
497 Hétaïre.

BLAESS (Albert), né à Paris. — 181, rue de Vaugirard, Paris.

*498 Eglise de Penmarch.
*499 Nature morte.

*500 Dans les Vosges.
*501 Dans les Vosges.

BLANCHET (Alexandre), né à Genève. — 24, rue Boissonade, Paris.

*502 Montagne (jour pluvieux).
*503 La plage (esquisse).
*504 Femme au bord de la mer.
*505 Paysage savoyard.
*506 Figure couchée.

BLOCH (Marcel), né à Paris. — 43, boulevard de Strasbourg, Paris.

*507 Profil (pastel).
*508 Souvenir (pastel).
*509 Parisienne (peinture).
*510 Parisienne (peinture).
*511 Flirt (aquarelle).
*512 Ollé ! (dessin).

BLOOS (Richard), né à Cologne-sur-Rhin. — 9, rue Campagne-Première, Paris.

*513 Luxembourg (statue).
*514 La musique.
*515 Variété.

*516 Bouquinistes.
*517 Le soir (eau-forte).
*518 Qu'est-ce qu'il y a ? (eau-forte).

BLOT (Jacques-Emile), né à Paris. — 5, rue de l'Alboni, Paris.

519 Portrait de Mme V. M... (Lui appartient).
*520 Fantaisie).
*521 Vase de fleurs.

BLUM-LAZARUS (Mme Sophie). — 6, rue Boissonade, Paris.

*522 Paysage.
*523 Paysage.
*524 Paysage.
*525 Paysage.
*526 Paysage.
*527 Nature morte.

BOCH (Eugène), né à La Louvière (Belgique). — Monthyon, par Meaux (Seine-et-Marne).

*528 Causerie du soir (Algérie).
*529 Chemin du désert (Algérie).
*530 Palmiers sur la berge (Algérie).
*531 Soir (Biskra).

BODDINGTON (Henry), né à Manchester (Angleterre). — Etaples (Pas-de-Calais).

*532 L'Eglise.
*533 L'invalide.
*534 L'acrobate.
*535 En route.
536 Le linge.
*537 Le couvent.

BOIGEGRAIN (Adolphe), né à Bourbonne-les-Bains. — 5, rue Emile-Allez, Paris.

*538 Atelier (matin).
*539 Atelier (soir).
*540 Etude (nu).
*541 Etude (nu).
*542 Etude (nu).
*543 Etude (nu).

BOITCHOUK (Michaïlo), né à Léopol (Galicie). — 9, rue Campagne-Première, Paris.

Rénovation de l'art byzantin :

*544 Charité.
*545 La fille priante.
546 L'automne.
*547 Le sommeil.
*548 Portrait d'homme.
*549 Dessins.

BOLESLAW-BIEGAS, né en Pologne. — 3, rue de Bagneux, Paris.

*550 Les vagues.
*551 Eve.
*552 Sphinx.
*553 Crépuscule.

BOLLIGER (Rodolphe), né à Arbon (Suisse). — 10, rue d'Orchampt, Paris.

*554 Etude de nu.
*555 Nature morte.
*556 Etude de femme.
*557 Dessin.
*558 Dessin.
*559 Dessin.

BOLZ (Hanns), né à Aix-la-Chapelle. — 3, rue Campagne-Première, Paris.

560 Portrait de moi-même.
*561 Etude.
*562 Au quai.
*563 Dessin.

BONIN (Alexandre), né à Paris. — 25, rue Marceau, Houilles (Seine-et-Oise).

564 Une route à Bazincourt.
565 Matinée à Bazincourt.

BONNAMY (Louis), né à Meunet-Planches (Indre).
5, rue d'Alençon, Paris.

    566 Paysage d'été.
    567 Paysage fin d'été.
    ***568** Fleurs des champs (printemps).
    ***569** Fleurs des champs (automne).
    ***570** Jeune pie morte.

BONNARD (Pierre), né à Paris. — 60, rue de Douai, Paris.

    571 Scène de rue.

BONNAUD (Paul), né à Ville-d'Avray. — 49, rue de Chabrol, Paris.

    ***572** Abbaye de Graville.
    ***573** Route d'Etretat.
    ***574** Ferme normande.

BONNEFOY (Henry), né à Boulogne-sur-Mer. — 42, rue Fontaine, Paris.

    575 Le lac d'Annecy.
    576 Terrain Cormier.
    577 La ferme de la Cluse.
    578 Route de la Cluse.
    579 Paysage de la Cluse.
    580 Cluse (la ferme).

BONNIN (Andrée), née à Paris. — 79, rue de Paris, Clamart (Seine).

    581 Lucienne (Appartient à Mme B...)
*582 Nature morte (étude).
*583 Nature morte (étude).
*584 Roses (étude).
    585 Portrait (Appartient à M. B...)
    586 Dos de femme (étude).

BOREL (Julien-H.), né à Granville. — 23, rue d'Argenteuil, Paris.

*587 Chausey (vieux château).
*588 Brume sur la Seine.
*589 Orage (étude).
*590 Granville (étude).
*591 Villecresnes (S.-et-O.).

BORGEAUD (Marius), né à Lausanne (Suisse). — 9, cité Condorcet, Paris.

*592 Paysage.
*593 Paysage.
*594 Paysage.
*595 Paysage.
*596 Paysage.
*597 Paysage.

BORGEK (Mlle Lydie), née en Russie. — 8 bis, rue Campagne-Première, Paris.

*598 Nature morte (raisin).
*599 Nature morte (légumes).
*600 Nocturne.
*601 Etude de jeune femme.
*602 Nature morte (oranges).
*603 Nature morte (la tasse bleue).

BORONALI (J.-R.), né à Gênes (Italie). — 53, rue des Martyrs, Paris.

*604 « Et le soleil s'endormit. »
*605 Sur l'Adriatique.
*606 Marine.

BORWITZ (Mme Rose de), née à Breslau (Allemagne). — 26, rue Denfert-Rochereau, Paris.

607 Portrait de miss Caretairs.
*608 Les premières études.
*609 La blanchisseuse (mère).
*610 La blanchisseuse (fille).
*611 La rêverie.

BOTKINE (Mlle Marie-Sergine), née en Russie. — 1, rue Yvon-Villarceau, Paris.

*612 Paysage finlandais.
*613 Paysage finlandais.

*614 Paysage.
*615 Soleil couchant.
*616 Meules.
*617 Paysage.

BOTTLIK (Tibor de), né à Fehértemplom (Hongrie). — 3, rue Campagne-Première, Paris.

*618 Portrait de jeune fille.
*619 Double portrait.
*620 Etudes de paysages.
*621 Nature morte.

BOUDET (Gustave), né à Paris. — 36, boulevard de Clichy, Paris.

*622 Rio Santa Sofia (Venise).
*623 Rio Malcanton (Venise).
*624 Ponte Paradisio (Venise).
*625 Piscine Sainte Agnese (Venise).
*626 Vieille maison à Capri.
*627 La lande (Creuse).

BOUDIN (Charles), né à Paris. — 15, rue Hégésippe-Moreau (anciennement 59, rue Lepic), Paris.

628 Portrait de Mlle B...
*629 Dessin à la sanguine (tête de vieillard).
*630 Dessin à la sanguine (profil de jeune femme).

***631** Dessin à la sanguine (tête de jeune femme).
***631** *bis* Crépuscule sur les bords de la Marne.
***631** *ter* Vieilles maisons à Verdun.

BOUDOT-LAMOTTE (Maurice), né à La Fère (Aisne). — 108, rue Olivier-de-Serres, Paris.

***632** Couseuse.
633 La Grande-Rue (appartient à M. Ch. Ragot).
634 Le quartier (appartient à M. Ch. Ragot).
***635** Le chemin de fer.
***636** Nature morte.

BOULLIER (Robert), né à Douai (Nord). — 9, rue Victor-Considérant, Paris.

***637** La passe (Ouessant).
***638** Vieux jardin.
***639** Anse de Dinan (Finistère).
***640** Forêt de Fontainebleau.
***641** La serre.
***642** Jardin.

BOULANGER (Lucienne), née à Boulogne-sur-Mer. — 64, rue de Calais, Boulogne-sur-Mer, Paris.

643 La vieille pierre.
644 Neige au musée de Cluny.

645 La mère.
646 Nature morte.
647 Nature morte.

BOULONGNE (Paul de), né à Marseille. — 2, rue Aumont-Thiéville, Paris.

*648 Le jour.
*649 La nuit.

BOURGEOIS (André), né à Melun. — 19, rue du Val-de-Grâce, Paris.

*650 Femme qui se chauffe.
*651 Femme à son bureau.
*652 Jardin public (Les mères de famille).
*653 Plage bretonne.
*654 Œillets, pot blanc.
*655 Roses thé, pichet blanc.

BOURGEOIS-BORGEX (Louis), né à Lyon. — 14, rue Rosa-Bonheur, Paris.

*656 Branche de prunes.
*657 Fleurs dans un pot.
*658 Dans le jardin.
*659 La mer.
*660 La plage du Tréport.
*661 Vue sur Vaugirard.

BOURON (Mme Alice), née à Paris. — 9, villa Poirier, Paris. (Atelier, 9, impasse de l'Enfant-Jésus.)

*662 Chien (plâtre).
*663 Chat (plâtre).
*664 Perruches (cire).

BOURRILLON (Charles), né à Marseille. — 79, boulevard du Montparnasse, Paris.

*665 Montmartre.
*666 Eglise Saint-Victor à Marseille.
*667 Arbres en fleurs le soir.
*668 Les peupliers.
*669 Paysage.
*670 Paysage.

BOUSQUET (Charles), né à Paris. — 11, rue de la Tour, Paris.

*671 Sur la berge (pont Mirabeau).
*672 Pont Solférino et gare d'Orléans.
*673 Travaux du Métropolitain (Concorde).
*674 Les Serres de la Ville en 1908.
*675 Pont de Grenelle.
*676 Notre-Dame.

BOUSSENOT (Gustave), né à Créteil (Seine). — 15, rue Morère, Paris.

 677 Le printemps à Epinay-sous-Sénart.
 678 L'été dans la forêt de Sénart.
 679 L'automne au moulin de Jarcy.
 680 Vers le soir, le berger aux Godeaux.

(Appartiennent à M. Jean-Jules Meyniel).

BOUSSINGAULT (Jean-Louis), né à Paris. — 55, rue du Cherche-Midi, Paris.

 *681 Composition décorative.
 *684 Dessin.
 *685 Dessin.
 *686 Dessin.

BOWSER (Mme Isabelle), née à Newcastle on Tyne. 159 bis, boulevard du Montparnasse, Paris.

 *687 Le port au Conquet.
 *688 Jour du marché au Conquet.
 *689 La crinoline verte.
 *690 Nature morte.
 *691 Nature morte.
 *692 Rue à Zarans (Espagne).

BOYD (Mme Elizabeth-Frances), née en Ecosse. — 40, Rosseti Mansions, Chelsea, Londres S. W.

 *693 Les petites maisons (Volendam).
 *694 Les appentis (Volendam).

*695 Le pont bleu (Volendam).
*696 Le canal (Volendam).
*697 Les bateaux (Volendam).
*698 Les phares (Volendam).

BOYLESVVE (M#me# Marie), née à Tours. — 14, boulevard Emile-Augier, Paris.

*699 Coin de ferme.
*700 Vignes vierges.
*701 La « Tenda Verde ».
*702 Fillette à l'étude.
*703 Coin de Venise.
*704 La Cour.

BRABO père (Julien), né à Saint-Martin-de-Valgalgnes. — Alais (Gard).

*705 Alais (Le val d'Arène après l'averse).
*706 La nuit vient (étude).
*707 Matin d'avril (étude).

BRABO (Albert), né à Alais. — Alais (Gard).

*708 Alais (terrasse au soleil).
*709 Alais (Chemin de montagne au soleil).

BRAGARD (Charles de), né à l'île Maurice. — 9, avenue Ferron, Asnières (Seine).

*711 « Magellan », pur-sang de course (sepia).
*712 « Northeast », vainqueur du grand prix de Paris 1907.
*713 « Pinta Gorda » pur-sang de course.
*714 « Clos Vougeot » pur-sang.
*715 « Caroubier » pur-sang.
716 « Diamond Jubilee » pur-sang anglais (cheval appartenant au roi Edouard VII).

BRANCUSI. — 54, rue du Montparnasse, Paris.

717 « La prière », fragment d'un tombeau.
718 Pierre sculptée.

BRASILIER (Hélie), né à Paris. — 21, rue d'Orléans, Neuilly-sur-Seine.

*719 Satan.
720 Hymne à la joie (esquisse).
*721 Saint-Michel.
*722 Saint-Sébastien.

BRECKONS (Saint-Clair), né à Wyoming (Etats-Unis). — 53, rue Notre-Dame-des-Champs, Paris.

    *723 La marguerite.
    *724 Une affiche.
    *725 Vieil olivier.
    *726 Olivier.

BRECQ (Fernand), né à Saumur. — 3, passage du Clos, Garches.

    *727 Sous bois à Villeneuve-l'Etang.
    *728 Etude de roses.
    *729 Pensées de Garches.
    *730 Le ruisseau (Villeneuve-l'Etang).

BRIAUDEAU (Paul), né à Nantes. — 25, rue d'Ulm, Paris.

    *731 Retour de chasse.
    *732 Pont Ste-Catherine (Bruges).
    *733 Pommes et fleurs.
    *734 Nature morte (melon, tomates).
    *735 Nature morte (fleurs).
    *736 Etude.

BRICARD (Xavier), né à Angers. — 15, rue Hésésippe-Moreau, Paris.

    *737 Etude d'enfant.
    *738 Etude d'enfant.

*739 Rose et dahlias.
*740 Fleurs.
*741 L'heure de la soupe à Treignac (Corrèze).
*742 Brouillard du matin à St-Père (Yonne).

BRIN (Emile-Quentin), né à Paris. — 4, rue Aumont-Thiéville, Paris.

*743 La petite Sirène.
*744 Baigneuse.
*745 Une dryade.
*746 Etude de nu au soleil.

BRINDEL (Edouard), né à Bayonne. — 4, rue de Furstenberg, Paris.

*747 Matinée d'octobre (Luxembourg).
*748 Soir d'octobre (Luxembourg).
*749 Les Alpes.
*750 Sous bois.
*751 Pastel.
*752 Groupe d'études (pastel).

BRIQUET (Mlle Berthe), née à Besançon. — 10, rue Campagne-Première, Paris.

*753 Enfant aux oranges.

BRISSAUD (Pierre), né à Paris. — 5, rue Bonaparte, Paris.

*754 Contre-jour.
*755 Brume de chaleur.
*756 Le vallon.
*757 Le sophora.
*758 Dans le jardin.
*759 Les canotiers.

BRONDY (Mateo), né à Paris. — 4, rue du Faubourg-du-Temple, Paris.

760 Port de la Méditerranée (St-Tropez).
761 Place de l'Ormeau (Saint-Tropez).
762 Une rue de Sanary.
763 Coin de port (aquarelle).
764 Le séchage des voiles (aquarelle).
765 La charrette (aquarelle).

BROSSARD (Alfred), né à Bâle. — 14, rue de Chabrol, Paris.

*766 Souvenir d'un soir (Jura Bernois).
*767 Sous bois le soir.
*768 Les Ecarts (Suisse).
*769 Muriaux (Suisse).
*770 Joueur d'accordéon (Tyrol).
*771 Sapins (Jura Bernois).

BROWN (Anna-Wood), née aux Etats-Unis.— Monneville (Oise).

*772 Mère et bébé (pastel).
*773 La petite sœur (pastel).
*774 Tête de blonde (peinture).
*775 Etude de jeune femme (peinture).

BROWN (Ethel-Mary), né à Nottingham (England). — 28, Priory Road, Bedford Park, Londres.

*776 Une Eglise de la Bavière.
*777 La route.
*778 Dans le parc de Saint-Cloud.
*779 Dans le parc de Saint-Cloud.
*780 Le vieux carrosse.

BRUET (Paul), né à Auxonne (Côte-d'Or). — Rue Jean-Bauhin, Monbéliard (Doubs).

*781 La Noire-Combe, à Pierrefontaine-les-Blamont (Doubs), après-midi de fin d'octobre.

BRUGUIÈRE (Fernand), né à Nimes (Gard). — 6, rue Severo, Paris.

*782 La côte bretonne (gros temps).
*783 L'entrée du port à marée basse (soleil couchant).

*784 L'entrée du port à marée basse (temps gris).
*785 L'entrée du port à marée basse (Brume).
*786 Le Port (Bretagne).

BRUNELLESCHI (Umberto), né à Florence. — 41, rue Monge, Paris.

*787 Automne.

BRUYER (Georges), né à Paris. — 84, avenue Pereire, Asnières (Seine).

788 Portrait.
789 Jeune fille.
*790 Le banc.
*791 La plaine.
*792 La roulante.

BUCCI (Anselmo), né à Fossombrone (Italie). — 29, rue Caulaincourt, Paris.

793 Portrait par lui-même.
794 Portrait gallo-romain.
*795 Le marché.
*796 La grève.
*797 Madone aux grenades.
*798 Le Christ et la Samaritaine.

BUGNICOURT (Ernest), né à Paris. — 9, quai d'Anjou, Paris.

*799 Maison Louis XV rue de la Parcheminerie.
*800 La rue des Carmes.
*801 L'écluse de la Monnaie.
*802 L'Eglise Saint-Séverin.
*803 Le pont Marie.
*804 La rue Saint-Séverin.

BUKOWSKA (Mlle Sophie), née à Riga (Russie). — 18, rue de l'Arrivée, Paris, et 10 bis, rue de la Garenne, Sèvres.

805 Portrait (pastel).
806 Portrait (peinture à l'huile).
*807 Motifs décoratifs.
*808 Ile de Bréhat (vue du port), peinture à l'huile.
*809 Cathédrale de Chartres, vitrage (peinture à l'huile).
*810 Etude de chat (pastel).

BULACOVSKY (Serge), né à Odessa (Russie). — 9, passage de Dantzig, Paris.

*811 Il Miserje (bronze).
*812 Hella Siberia (bronze).

BULLIO (Eugène), né à Marseille. — 1 bis, rue St-Gilles, Paris.

    *813 Paysage d'automne.
    *814 Bords de rivière.
    *815 Marine.
    *816 Paysage.
    *817 Nature morte.
    *818 Paysage.

BUSSMANN (Auguste), né à Thann (Alsace). — 123, rue des Dames, Paris.

    *819 Rendez-vous à la source au lever du soleil.

BUSZEK (Antoine), né à Varsovie. — 21, rue Le Verrier, Paris.

    *820 Pieta.
    *821 La Madone.
    *822 La fillette à la rose.
    *823 Portrait d'homme.

BUTLER (Théodore-Earl), né aux Etats-Unis. — Giverny, par Vernon (Eure).

    *824 Inondation (Giverny).
    *825 L'Eglise (Veules-les-Roses).
    *826 Au Cosino (Veules-les-Roses).

BUYKO-BOLESLAS, né en Pologne. — 17, rue Campagne-Première, Paris.

    *827 Fragment du Louvre.
    *828 Les Chimères de Notre-Dame.
    *829 Au jardin du Luxembourg.

CADORET (Henry de), né à Guérande (Loire-Inférieure). — Château de Kerholland, Guérande (Loire-Inférieure).

    *830 Paysage d'hiver.
    *831 Ferme de revue.
    *832 Etude.
    *833 Projet de décoration.

CAILLAUD (Alfred), né à La Rochelle (Charente-Inférieure). — 47, rue de la Procession, Paris.

    834 Quai Valin (La Rochelle).
    835 Coin du port de la Rochelle.
    836 Quai du port et du vieux bassin.
    837 Port de la Rochelle le soir.
    838 Avant-port de La Rochelle (temps gris).

CARRÉ (Raoul), né à Montmorillon. — 26, rue Henri-Monnier, Paris.

    *839 La gourmandise.
    *840 Mélancolie (pastel).

*841 La colère.
*842 Le hamac.
*843 Marché breton (pastel).
*844 Plage normande.

CAMMERLOHER (C.-Maurice), né à Vienne (Autriche). — 7, rue Daguerre, Paris.

*845 Nature morte.
*846 Portrait de moi-même.
*874 Croquis.
*848 Croquis.

CAMUS-BAZIN (B.), né à Paris. — 27, rue de Longchamp, Paris.

849 Roses (pastel).
850 Roses (pastel).

CAMUS (Henri-Louis), né à Paris. — 62, rue Lepic, Paris.

*851 Les abricots (nature morte).
*852 La poterne Lion, à Saint-Amand (Nièvre).
*853 Pot de pensées (nature morte).
*854 Les asperges (nature morte).
*855 Coin de table (nature morte).

CANTER (Paul-Joseph), né à Saint-Omer (Pas-de-Calais. — 23, rue Boissonade, Paris.

*856 Femme au miroir.
*857 Danseuse.
*858 Femme à la toilette.
*859 Etude.

CAPONE (Albert), né à Naples.

*860 Nature morte.
*861 Nature morte.
*862 Nature morte.
*863 Nature morte.

CARAS (Thibaut), né à Paris. — 6, rue Aumont-Thiéville, Paris.

*864 Mlle Berthe A...
865 Niobé changée en roche.
*866 La lune sur le talus.
*867 En Orient, rêverie.
*868 L'ombre des bois et des prés.

CARIOT (Gustave), né à Paris. — Périgny-sur-Yerres, par Mandres (Seine-et-Oise).

*869 Le cèdre du Liban.
*870 Les meules de fourrage.

*871 Moisson (matin).
*872 L'Yerres à Périgny.
*873 Les pêchers (temps gris).
*874 Effet de givre.

CARLU (Henri-Emile), né à Paris. — 44, rue des Cascades, Paris.

*875 Rue St-Vincent (Montmartre).
*876 Rue des Cascades (vue de ma fenêtre).
*877 Etudes (fruits, pommes).
*878 Etudes (fruits, raisin).
*879 Etudes (fruits, prunes).
*880 Etudes (pêches).

CARPENTIER (Mlle Marie-Paule), née à Paris. — 60, rue de Maubeuge, Paris.

*881 Chant du soir.
*882 Impression crépusculaire.
*883 Arbres en automne.

CARRIÈRE (Jules), né à Paris. — 14, villa Cœur-de-Vey, Paris.

*884 Etang des Plaines (Corrèze).
*885 Coteaux de l'Oise (Auvers-sur-Oise).
*886 Vieille chaume (Corrèze).

*887 Vieux pont (Corrèze).
*888 Parc de Saint-Cloud.
*889 Etang des Plaines (Corrèze).

CARSTAIRS (M{^{lle}} Mary), née en Ecosse. — 14, rue Delambre, Paris.

*890 Nature morte.
*891 Etude des arbres en hiver.
892 Etude.
*893 Les trois amis.
*894 Croquis.
*895 Croquis.

CARVALLO (Suzanne), née à Paris. — 21, rue Descartes, Paris.

*896 Devant la taverne.
*897 Groupe de femmes.
*898 Kika la pêcheuse.
*899 Paysanne catalane.
*900 La presse du raisin.
*901 La plage des Tontos.

CASSE (Raymond-Louis), né à Nantes. — 110, rue Lepic, Paris.

902 Choses d'Orient.
*903 Choses d'Afrique.

*904 Du soleil sur un pignon.
905 Maison d'Henri IV (Montmartre).
906 Lointains.

CASTAGNARY (Mlle Gabrielle), née à Saintes. — 10, rue Eugénie, Saint-Mandé (Seine).

*907 Matinée grise.
*908 Juillet (panneau décoratif).

CASTELUCHO (Claudio), né à Barcelone (Espagne). — 84, rue d'Assas, Paris.

*909 La petite Anglaise.
*910 Le théâtre.
*911 Le pianiste.
*912 Etude de nu.
*913 La toilette.
*914 La petite Néné.

CASTRO (Mme veuve Ernesta de), née à Vienne (Autriche). — 22, rue Vital, Paris.

*915 Apparition.
*916 Pôle Nord (vu en rêve).

CEDERLUND (Gustaf), né à Stockolm (Suède). — 38, rue Falguière, Paris.

*917 Ouvrier.
918 Intérieur béarnais.
*919 Deux gravures (pointe sèche).
*920 Gravure « Méditation ».
*921 Paysage (pointe-sèche).

CELLIER (Cécile), née en Suisse. — 14, rue Boissonade, Paris.

*922 Le Parmelan (Haute-Savoie).
*923 Verger (Haute-Savoie).
*924 Le Verger (lac Léman).
*925 Fleurs de campagne.
*926 Fleurs.
*927 Tête de vieille.

CÉRIA (Edmond), né à Evian-les-Bains (Haute-Savoie). — 54, avenue du Maine, Paris.

*928 Atelier.
*929 Le père Pouyenne.
*930 Jardin après la pluie.
*931 Etude.
*932 Taches de soleil.

CESBRON (Charles), né à Paris. — 13, rue Jacquemont, Paris.

*933 Le coin des pauvres.
*934 Cloître abandonné.
*935 Intérieur d'église.
*936 Coin d'église.
*937 Le cloître de Saint-Trophisme à Arles.
*938 Le cloître.

CHABAUD (Auguste), né à Nimes (Gard). — Graveson (Bouches-du-Rhône).

*939 Femmes dans la montagnette.
*940 Paysan devant son mas.
*941 Moissonneur.
*942 Le vieux.
*943 Curé à la procession.

CHAFFANEL (Eugène), né à Nancy. — 71, rue Caulaincourt, Paris.

944 Les fleurs.
945 Le réveil.
946 Laveuses.
947 La montagne.
948 La mer.
949 Baraque de pêcheur.

CHALLIÉ (Jean-B.), né à Echenoz-la-Melline (Haute-Saône). — 15, rue Hégésippe-Moreau, Paris.

    *950 Femme nue (étude).
    *951 Esquisse.
    *952 Fleurs (étude).
    *953 Fleurs (étude).
    *954 Fleurs (étude).
    *955 Fleurs (étude).

CHAMARD (Albert), né à Paris. — 17, rue Lamarck, Paris.

    *956 Bretonne (terre cuite originale).
    *957 Etude de femme (terre cuite originale).

CHAMIER (Lena-M.), chez M. Foinet fils, 21, rue Bréa, Paris.

    958 Soupirs d'arbres.

CHAMPON (Edmond), né à Paris. — 15, quai aux Fleurs, Paris.

    *959 Le port de Dieppe (décembre).
    *960 Sous les sureaux (Aube).
    *961 Octobre (matin) pastel.
    *962 Assiette de fruits et objets.
    963 L'heure du grain.
    *964 Pommes et objets.

CHAPÉ (Félix), né à Paris. — 127, Grande-Rue, Créteil (Seine).

*965 Eglise de Bondaroy, près Pithiviers (Loiret.)

CHAPUIS (Pierre-Marie-Alfred), né à Paris. — 12, rue de la Condamine, Paris.

*966 Route forestière.
*967 Fleurs des champs.
*968 Le Cagneux.
*969 Adam et Eve.
*970 Conciliabule de mendigots.
*971 Le veuf (étude réaliste).

CHAPUY (André), né à Paris. — 49, boulevard du Montparnasse, Paris.

*972 Femme faisant un abat-lumière.
*973 Femme dormant.
*974 Femme dormant.
*975 Matin.
*976 Femme lisant.
*977 Le coin du lit.

CHARLET (Albert). — 7, rue du Dôme, Paris.

*978 Sommeil.
*979 Confidence.

*980 Dans la nue (la nuit).
*981 Espiègle et faune.
*982 Etude.
*983 Sur la nue.

CHARLOT (Louis). — 50, rue de Rennes, Paris.

*984 Village du Morvan sous la neige.
*985 Neige et givre.
*986 Etude.
*987 Baigneuse.
*988 Neige.
*989 Etude.

CHARMOILLE (André-Edouard), né à Besançon (Doubs). — 96, rue Chanzy, à Reims (Marne).

*990 Un coin de l'Aisne à Guignicourt.
*991 Un coin de l'Aisne à Guignicourt.
*992 Un coin de l'Aisne à Guignicourt.
*993 Un coin de l'Aisne à Pignicourt.

CHARON (Luc), né à Paris. — 33, rue Jacob, Paris.

*994 Etude.
*995 Soir d'été.
*996 Anse de Penfould.
*997 Les châtaigniers.
*998 Le moulin.
*999 L'Odet.

CHARPENTIER (Maurice), né à Paris. — 156, boulevard de Magenta, Paris.

*1000 Appassionato !
*1001 Ballerine (aquarelle).
*1002 Manqueront-ils ?
*1003 Panneau décoratif pseudo-japonais.
*1004 Hamlet et Ophelia (illustration pour œuvres de Shakespeare).

CHARRETON (Victor), né à Bourgoin (Isère). — 8, boulevard de Clichy, Paris.

*1005 L'Exposition d'horticulture (1909).
*1006 Dans les prés de la Sauvetat.
*1007 Le verger Cibran (matin).
*1008 Etude (paysage).
*1009 Etude (paysage).
*1010 Etude (paysage).

CHARTIER (Paul-Louis), né à Neuilly-Saint-Front (Aisne). — 9, rue Campagne-Première, Paris.

*1011 Entrevision dans la plaine.
*1012 La maison rose.
*1013 Rythme du silence sur la grand'route.
*1014 Image naïve.
*1015 Matinée de printemps.
*1016 Romance de grisette.

CHAR-POU, né au Mans. — 1, avenue Percier, Paris.

*1017 La route de Villebon (aquarelle).
*1018 L'étang de Trivaux (aquarelle).
*1019 Le pont de Sèvres (aquarelle).
*1020 L'abbaye de la Chaise-Dieu (sépia).
*1021 L'allée de l'Observatoire de Bellevue (aquarelle).
*1022 L'entrée d'Arlene (aquarelle).

CHATELLIER (Charles-Edouard), né à Lisieux (Calvados). — 8, rue de Musset, Paris.

Souvenirs d'Espagne :

*1023 Carmencita.
*1024 Elvira.
 1025 San Pedro de Passages.
 1026 Vieille croix à Fontarabie.
 1027 Mercédès.

CHATROFF, né en Russie. — 29, boulevard des Batignolles, Paris.

*1028 Fleurs.
*1029 Fleurs.
*1030 Paysage.

CHAUCHET-GUILLERÉ (Mme Charlotte), née à Charleville (Ardennes). — 59, avenue de Saxe, Paris.

*1031 Le tapis vert.
*1032 Le tapis orange.
*1033 La sieste.
*1034 Fleurs.
*1035 Esquisse.

CHAURAND (Jean), né à Lyon — 125, rue Caulaincourt, Paris.

*1036 Le jardinier.
*1037 Petite fille à l'orange.
*1038 Paysage.
*1039 Paysage.
*1040 Le pot de fleurs.

CHÉNARD-HUCHÉ, né à Nantes. — 61, rue Caulaincourt, Paris.

*1041 Paysage du Var.
*1042 Paysage au bord de la mer (Provence).
*1043 L'amandier (Provence).
*1044 Les cyprès (golfe de Sanary).
*1045 Le poste à feu (Provence).
*1046 La ferme au cyprès (Var).

CHER (Bernard), 2, passage de Dantzig, Paris.

*1047 Portrait.
*1048 La prière d'automne.
*1049 Sous le soleil.
*1050 Etude.
*1051 Etude.
*1052 Etude.

CHERFILS (Christian), né à Martigny (Manche). — 41, avenue Kléber, Paris.

*1053 Aube.
*1054 Rousse au soleil couchant.
*1055 Le long des dunes.
*1056 Rousse.

CHOLLET (Marcel), né à Genève. — 17, rue Victor-Massé, Paris.

*1057 Bouquet fané (chrysanthèmes).
*1058 Coin de table (effet de nuit).
*1059 Profit perdu (appartient à Mme de C...)
*1060 Roses jaunes.
*1061 Impression.
*1062 Raisins et chrysanthèmes.

CHRÉTIEN (Marie-Gustave), né à La Chapelle-Saint-Luc (Aube). — 1, rue Gambey, Troyes.

*1063 Le jardin du Musée (soir d'août).

CINGRIA (Alexandre), né à Genève. — Rolle, canton de Vaud (Suisse).

*1064 L'Immaculée Conception.
*1065 Un marbre.
*1066 Etude de figure.
*1067 Nature morte.

CIOLKOWSKI. — 18, rue de l'Odéon, Paris.

*1068 The Flower Girl (noir et blanc).
*1069 Le faubourg de la tentation (noir et blanc).
*1070 La rue des Maisons défendues (noir et blanc).
*1071 Un cadre contenant trois dessins au noir et blanc :
 I. The Compassionate Flower (première version).
 II. Perspective ornementale.
 III. The Compassionate Flower (dernière version).
*1072 Aquarelles.

CITERNE (Paul), né à Paris. — 123, rue de Longchamp, Paris.

 1073 La maisonnette.
 1074 Bord de Marne.
 1075 Bord de Marne.

CIZALETTI (Humbert), né à Barcelone. — 129, faubourg Saint-Martin, Paris..

 *1076 Oranges dans un compotier (effet de soleil).
 *1077 Cavaliers montant des chevaux blancs.
 1078 Silhouette de peintre à son chevalet.
 *1079 Tête de femme au chapeau vert.
 *1080 Tête de femme au bandeau bleu.
 *1081 Tête de femme à l'accroche-cœurs.

CLÉMENT-CHASSAGNE (Louis-Lucien), né à Paris. — 13, avenue de Saint-Mandé, Paris.

 *1082 Nature morte.
 *1083 Intérieur.
 *1084 Sous bois (Vincennes).
 *1085 Nature morte.
 *1086 Nature morte.
 *1087 Vieux Paris (château du Rendez-Vous)

COBIANCHI (Iginio), né en Italie. — 74, rue Demours, Paris.

*1088 Le ruisseau.
*1089 Convoitise.
*1090 Les canards.
*1091 Retour du moulin.
*1092 Coin de ferme.
*1093 La belle Italie.

COCHIN (Auguste), né au Mans (Sarthe). — 117, rue du Bourg-Bélé, Le Mans.

*1094 Nature morte.
*1095 Bords de l'Erdre (Loire-Inférieure).
*1096 Sous bois à Huelgoat (Finistère).

CŒURET (Alfred), né à Paris. — 26, rue de la Tombe-Issoire, Paris.

*1097 L'écueil.
*1098 Jeune mère.
*1099 Baigneuses.
*1100 Jeune mère.
*1101 La lessive.
*1102 Fiancés.

COHENDY (Paul), né à Lyon. — 146 bis, rue de Rennes, Paris.

*1103 Roses et dahlias.
*1104 Bouquet de pensées.
*1105 La mort du héros.
*1106 Bouquet de roses.
*1107 Champ de bataille.
*1108 La guerre.

COLANGE (Gustave), né à Paris. — 117, rue Lamarck, Paris.

*1109 Bois de Kergouet (Plougrescant) Côtes-du-Nord.
*1110 Dans les bois de Keriou-bian (Plougrescant (C.-du-N.).
*1111 Bois de Kergouet (Plougrescant).
*1112 Presbytère de Plougrescant.
*1113 Cathédrale de Tréguier (C.-du-N.).
*1114 Maison du xvie siècle, rue Renan (Tréguier).

COLLE (Jean), né à Marseille. — 16, rue de Seine, Paris, et villa Ker-Anna, à Ploaré, par Douarnenez (Finistère).

*1115 La lande bretonne en été.
*1116 La côte sauvage en hiver (Bretagne).

COLLIN (Louis-Jean), né à Paris. — 23, avenue Niel, Paris.

    *1117 Un guignol.
     1118 Venise (étude). Appartient à l'auteur.
    *1119 Etude.

COLLOT (Charles), né à Nancy. — 31, avenue d'Eylau, Paris.

    *1120 La liseuse.
    *1121 Tête d'étude.
    *1122 L'église d'Etretat.
    *1123 Le soir.
    *1124 Souvenirs.

COMPAYRÉ (Marcel), né à Toulouse. — 80, avenue de Breteuil, Paris.

    *1125 La mer à la côte des Basques (Biarritz).
    *1126 Monts Cantabres et la mer (vus de Biarritz).
    *1127 Ruisseau des environs de Luchon (le matin).
    *1128 Tour de Castel-Vielh (près Luchon).
    *1129 Paysage des environs de Biarritz (étude).
    *1130 Marine de Biarritz (étude).

CONINCK (Robert de), né à Bolbec (Seine-Inférieure). 4, rue Camille-Tahan, Paris.

    *1131 Dancing.
    *1132 Folichon.
    *1133 Skating.
    *1134 Débutants.
    *1135 Au bois.
    *1136 Eau-forte.

CONTANT (Jules), né à Blois. — 89, quai Ulysse-Besnard, Blois (Loir-et-Cher).

    *1132 bis Les grands chênes (Cagnes).
    *1133 bis Vieux chemin (Pont-Aven).
    *1134 bis Les pêchers (Cagnes).
    *1135 bis La Creuse à Crozant.
    *1136 bis Villeneuve-Loubet (Alpes-Maritimes) (aquarelle).
    *1137 Cagnes (Alpes-Maritimes) (aquarelle).

CONTRAULT, né à Paris. — 14, rue de Picpus, Paris.

    *1138 Entrée du village d'Oucques.
    *1139 Moret-sur-Loing (le canal).
    *1139 bis Etude pour le pic Saint-Loup (Hérault) (aquarelle).

*1140 Etude Mitan, bords du Lez (Hérault) (aquarelle).
1141 Portrait de M. B... (dessin).

CONRAD-KIKKERT, né en Hollande. — Zandvoort, huize ten Duyne (Hollande).

*1142 Coin ensoleillé.
*1143 Pommes et vase breton.
*1144 Coquelicots.
*1145 Le repos au jardin.

CORFU (Georges-Félicien), né à Jonchery-sur-Vesles (Marne). — 86, rue Lamarck, Paris.

*1146 En Beauce.
*1147 L'orage.
*1148 Le hersage (le matin).
*1149 Le labour.
*1150 Coucher de soleil.
*1151 Feuilles d'album (dessins à la plume, crayon, aquarelles).

CORGIALEGNO, né à Marseille. — 90, rue d'Assas, Paris.

*1152 Bois de pins (Provence).
*1153 La rade de Perros.
*1154 La rivière (automne).

*1155 En mer.
*1156 Bords du Loing.
*1157 Après la pluie.

CORIN (Edwin-Philip), né à Londres. — 12, avenue d'Antin, Paris.

*1158 Soirée d'été, Sannois (S.-et-O.).
*1159 Saint-Cloud (automne).
*1160 Mounts Bay Angleterre.
*1161 Beachy Head Angleterre.
*1162 Dans le bois de Meudon.

CORNILLE (Ernest), né à Paris. — 38, rue Decrès, Paris.

*1163 L'écharpe.
*1164 Pêches et raisins.
*1165 Intérieur.
*1166 Le hameau.
*1167 Les vieux saules.
*1168 Pommes et poires.

COSTANTINI (Virgilio), né en Sicile (Italie). — 9, rue Froidevaux, Paris.

*1169 Vieille bretonne.
*1170 Déshabillé.
*1171 Femme de Venise.
*1172 La maison blanche.

COSYNS (Antoine-François), né à Malines (Belgique). — 22, rue Monsieur-le-Prince, Paris.

1173 Fruits et accessoires (étude).
1174 Fruits et fleurs (étude).
1175 Figure (étude).
1176 Figure drapée (étude).

COULIN (Mme Marie-Eugénie), né en Alsace (Française). — 47, rue de la Procession, Paris.

*1177 Le lapin.
*1178 Jeune bretonne.
*1179 Le tourniquet,
*1180 Matelot.

COULON (Gustave), né à Paris. — 12, rue de la Victoire, Paris.

1181 Chauvigny.
1182 Chauvigny.
1183 La Creuse au Pin.
1184 Liverdun.
1185 Le château de Montrotier.
1186 Forêt de Montmorency.

COULON (Henri), né à Paris. — 37, rue de Châteaudun, Paris.

1187 Chateaubrun (Indre) (appartient au président Pacton).

1188 Les bains de Georges Sand, Le Pin (Indre).
1189 Le moulin de Gargilesse (Indre).
1190 La crue de la Creuse au Pont-Noir (septembre 1909).
1191 Bords de la Creuse.
1192 L'arrivée à Gargilesse (Indre).

COURCHÉ (Félix), né à Paris. — 73, rue Louis-Blanc, Paris.

*1193 Confidences (aquarelle).
*1194 De la coupe aux lèvres.
*1195 Parisienne (aquarelle).
*1196 Frileuse.
*1197 Buste de femme (effet).
*1198 Saturnales.

COUSTURIER (Lucie), née à Paris. — 43, boulevard Beauséjour, Paris.

1199 Portrait.
1200 Jardin.

COUSTURIER (Mme Henriette), née à Dijon (Côte-d'Or). — 11, boulevard Clichy, Paris.

*1201 Le coin du buffet.
*1202 La soupière.
*1203 Bouquet d'hiver.
*1204 La Salute.

COUSNETZOWA (Alexandra), née à Moscou. — 147, boulevard du Montparnasse, Paris.

1205 Nature morte.
1206 Nature morte.

CRASNIER (Joseph), né à Bouchemaine (Maine-et-Loire). — 30, rue de Longchamp, Paris.

*1207 Les quarantaines.
*1208 La flûte aux œillets.
*1209 Verre de roses.
*1210 Panier fleuri.
*1211 Vase d'œillets.
*1212 La giboulée (de Suresnes à Puteaux).

CRÉMAZY (Mlle Paule), née à Saint-Denis (Ile de la Réunion). — 149, rue de Rennes, Paris.

*1213 Le Pont Royal.
*1214 Vieux Paris.
*1215 Eglise bretonne.
*1216 Place à Malestroit (Morbihan).
*1217 Coin de petit salon.
*1218 Cour du Louvre.

CROSS (Henri-Edmond), né à Douai (Nord). — Chez M. Bernheim jeune, 15, rue Richepanse, Paris.

*1219 Antibes (appartient à la galerie Bernheim jeune.)
*1220 Le faux poivrier (appartient à la galerie Bernheim jeune).
*1221 Le village de Bormes (appartient à la galerie Bernheim jeune).
*1222 Le récif (appartient à la galerie Bernheim jeune).

CROTTI (Jean), né à Fribourg. — 18, rue Juliette-Lamber, Paris.

*1223 Panneau décoratif.
*1224 Tête.
*1225 Tête.
*1226 Tête.
*1227 Reflets dans l'eau.
*1228 Kuhcard.

CUNY (Etienne), né à Paris. — 9, avenue d'Amiens, Abbeville (Somme).

1229 Poule au pot.
1230 Vallée de la Somme.
1231 Vallée de la Somme.

1232 Habitation Louis XIII à Abbeville.
1233 Dernier matin (vision).
1234 Eglise d'Epoguette (Somme).

CZARNECKI (Joseph), né à Posen. — 3, rue de Bagneux, Paris.

***1325** Le masque du poète A. Mickiewicz.
***1236** Le masque du F. F. Chopin.
***1237** Le parc au soleil.
***1238** La prière des enfants.
***1239** Petit village en Pologne.
***1240** Le pont à la campagne.

DAGNAC-RIVIÈRE (Ch.-H.-G.). — Moret-sur-Loing (Seine-et-Marne).

***1241** L'abreuvoir.
***1242** L'écurie.
***1243** Taches de soleil.
***1244** Le soir au bord de l'eau.
***1245** Entrée de village.
***1246** Les dômes.

DAILLION-D'ANNUNZIO (M#me# Palma), née à Atina (Italie).— 77, rue Denfert-Rochereau, Paris.

***1247** Moulin du Pin.
***1248** Chemin du Pin.
***1249** La cascade.

*1250 Vue de Saulmon.
*1251 Le petit pont.
*1252 Le moulin brûlé.

DALBANNE (Claudius), né à Lyon. — 16, rue Le Verrier, Paris, et 22, chemin des Tournelles, Lyon.

1253 Douleur.

DAMAGNEZ (Paul), né à Amiens. — 141, boulevard du Montparnasse, Paris.

*1254 Salle des Rubens (Louvre).
*1255 Un coin de Gentilly.

DAMELINCOURT (Hubert), né à Tarbes. — 68, rue du 14-Juillet, Pau (Basses-Pyrénées).

*1256 Plateau de Lesun (table des trois rois).
*1257 Le Sesques (temps couvert).
*1258 Le Billare et l'Anie (5 heures matin).
*1259 L'Anie (soir).

DAMERON (Henri-Alexandre), né à Gourdon (Saône-et-Loire). — 76, rue Michel-Bizot, Paris.

*1260 Liseuse (effet de la lampe).
*1261 Coucher de soleil dans la vallée (automne).

DAMIZOUR (Lucien), né à Tarbes (Hautes-Pyrénées). — 23, boulevard Gouvion-Saint-Cyr, Paris.

*1262 Nid de pirates.

DANNENBERG (Mlle Alice), née à Riga (Russie). — 84, rue d'Assas, Paris.

*1263 Effet de soleil.
*1264 Tête d'enfant.
*1265 Au bord de la mer.
*1266 Au jardin du Luxembourg.
*1267 Effet de neige.
*1268 Etude.

DANTÈS (Fernand), né à Paris. — 8, rue Laurent-Pichat, Paris.

*1269 Coin de ferme.
*1270 Coucher de soleil.
*1271 Forêt de Fontainebleau.
*1272 Forêt de Fontainebleau.
*1273 Bords du Loing à Montigny.
*1274 Forêt de Fontainebleau.

DANTU (Georges), né à Paris. — 22 bis, rue Vineuse, Paris.

*1275 Repos (intérieur breton).
*1276 Tante Coco taille la soupe.

*1277 La marmite bout (intérieur breton).
*1278 Le jour des crêpes (intérieur breton).
*1279 Embouchure de l'Aven (Finistère).
*1280 Lever de lune à Port Manech (Finistère).

DARAUX (Lucien), né à Paris. — 11, place Vintimille, Paris.

*1281 Le matin au Bois de Boulogne (butte Mortemart).

DARGENT (Henri), né à Paris. — 59, rue Gazan, Paris.

*1282 Fin d'été (paysage).
*1283 Nature morte.
*1284 Etude au couteau (paysage).
*1285 Pommes et giroflées (nature morte).
*1286 La hutte en forêt (paysage).
*1287 Le chemin en forêt (paysage).

DARNET (Georges), né à Périgueux. — 9, rue de la Boëtie, Périgueux (Dordogne).

*1288 Les docks à Bordeaux (Gironde).
*1289 L'étang de Lacanau (Gironde).

DAVAUX (Robert-Jean), né à Seneffe (Belgique). — 5, rue du Collège, Charleroi (Belgique).

    *1290   Sortie de bain (chair et blanc).
    *1291   Jeune femme wallonne.
    *1292   Etude de chair.

DEBIESSE (Philippe), né à Villefranche (Rhône). — 61, rue Carnot, Château-Thierry (Aisne).

    *1293   Le loup et l'agneau.
    *1294   Laveuses (étude).
    *1295   Après la moisson (étude).
    1296   La pointe de l'île d'Amour, à Château-Thierry (appartient à M. Le Roy).

DEBRAUX (René), né à Givet (Ardennes). — 18, rue d'Armenonville, Neuilly-sur-Seine.

    *1298   Place d'Envermeu.
    *1299   Bords de la Rance à Dinan.
    *1300   La maison du Franc à Bruges.
    *1301   Mouvement de terrains à Saint-Cast.
    *1302   Fin de marché à Matignon.

DÉCAMPS (Maurice), né à Paris. — 3, rue de la Douane, Paris.

    *1303   Effet de lampe.
    *1304   Violettes et mimosa.

*1305 Les jonquilles.
*1306 Rue Poulletier pendant les inondations.
*1307 Rue Maubert pendant les inondations.

DÉCARPIGNY (Paul), né à Paris. — 2, rue de la Prévoyance, Vincennes.

*1308 Fort de Vincennes.
*1309 Vieille masure.
*1310 De ma fenêtre en hiver.
*1311 Muguet.

DEFONTE (Edmond), né à Paris. — 8, place de la Mairie, Fontenay-aux-Roses (Seine).

1312 L'écolière.
*1313 Fleurs de printemps.
*1314 La fille du jardinier.
*1315 Coin de jardin.
*1316 Fruits et fleurs.

DEHÉRAIN (François), né à Paris. — 35, rue Véron, Paris.

*1317 Femme au vase bleu.
1318 Portrait d'enfant.
*1319 Port de Granville.

*1320 Etude de marin.
*1321 Le port des Martigues.
*1322 Gelée blanche dans la vallée de Chevreuse.

DELAMARRE DE MONCHAUX (Marcel), né à Paris). — 33, rue Marbeuf, Paris.

*1323 Saint-Tropez (le port).
*1324 Nieuport (Belgique).
1325 Sur la plage.
*1326 Etude à Carantec.
*1327 Etude à Audierne.

DELAPORTE (Maurice-Eugène), né à Versailles. — 2, rue de la Paroisse, Versailles.

*1328 Parterre d'eau (Versailles).
*1329 L'Orangerie (Versailles).
*1330 La terrasse (Versailles).

DELAVAL (René-Pierre-Herdet), né à Arras (Pas-de-Calais). — 3, rue Larochefoucauld, Paris.

*1331 Sassenage.
*1332 Le port du Pouliguen.
*1333 La porte de Guérande.
*1334 Penchateau.

DELAVALLÉE (Henri), né à Reims. — 118, rue d'Alésia, Paris.

*1335 Maison dans les arbres.
*1336 Effet de neige.
*1337 Au bord du pré.
*1338 Rivière bretonne.
*1339 Le givre sur la lande.

DELCUS (Louis). — 23, rue de Maubeuge, Paris.

*1340 La crue.
*1341 Le Loing à Moret.
*1342 Moulin sur le Morin.
*1343 Les blés (deux études ensemble).
*1344 Bateaux-lavoir.
*1345 La Seine à Triel.

DELÉCAILLE (Alexandre), né à Lille. — 51, rue Scheffer, Paris.

*1346 Le presbytère.
*1347 Bords de la Seine.
*1348 Entrée du presbytère.
*1349 Le vieux pont.
*1350 Une allée dans le parc.
*1351 Paysage.

DELESTRE (Eugène), né à Paris. — 45, rue Perronet, Neuilly-sur-Seine.

    *1352 Le petit bras de la Seine à Herblay.
    *1353 La Seine à Herblay.
    *1354 Bords de la Seine à Herblay au crépuscule.
    *1355 Bords de la Seine à Herblay le soir.

DELFOSSE (Louis), né à Bayonne. — 15, quai de Bourbon, Paris.

    1356 Ronde bretonne.
    1357 Crue et neige (23 janvier 1910).
    1358 Régates.
    1359 Canotage.
    1360 Le petit bras du Pont-Neuf.
    1361 L'église de Conflans-Ste-Honorine.

DELFOSSE (Jules), né à Rouen. — 7, rue Jean-Laurent, Le Vésinet (Seine-et-Oise).

    *1362 La Seine au Pecq.
    *1363 Mimosas.
    *1364 Fruits.

DELOBRE (Emile), né à Paris. — 9, rue de la Mairie, Alfortville.

    *1365 Une porte à Tanger.
    *1366 Danseuse marocaine.
    *1367 Ophélie.

DELTOMBE (Paul), né à Catillon (Nord). — 25, rue Daguerre, Paris.

 *1368 Décor (fleurs et fruits).
  1369 Portrait.
 *1370 Nu.
 *1371 Nature morte.
 *1372 Etude.
 *1373 Etude.

DELTOMBE (Gabriel), né à Hautmont (Nord). — 94, rue Denfert-Rochereau. Atelier : 102, même rue, Paris.

 1374 Une vitrine contenant:

  I. Les Heures claires (Emile Verhaeren.)

  II. Les villes tentaculaires (Emile rhaeren.)

  III. Les nuits (Alfred de Musset) (appartient à M. René Philippon).

  IV. Les Idées mortes (Bayet) (Appartient à M. Bayet).

  V. Vive Anna (album) (appartient à Mlle Germaine Brun).

  *VI. Album.

  VII. Livre d'or. (Appartient à M. Ménégoz).

DEMAN (Mme Paule), née à Bruxelles. — 86, rue de la Montagne, Bruxelles.

*1375   L'île d'or (côte toulonnaise).
*1376   Les eucalyptus (côte toulonnaise).
*1377   Pins maritimes (côte toulonnaise).
*1378   Pins parasols.
*1379   Matin à Pointe-Prime.

DEMANGEL (Gustave-Henry), né à Kertigny (Vosges). — 4, rue André-del-Sarte, Paris.

*1380   Matin d'août au Lyaumont (Vosges).
*1381   Les Censeaux, le soir (Vosges).
*1382   La Sémouse à Saint-Loup (Haute-Saône).

DEMOUY (Mlle Madeleine), née à Paris. — 179, boulevard Pereire, Paris.

1383   Croquis n° I (appartenant à Mme H. N...).
*1384   Croquis n° II.
*1385   Vieilles maisons à la Garde (Var).
*1386   Etude.
1387   Un portail en Provence (appartient à Mme D...)
*1388   Route à Costetelle (Var).

DENIS (Maurice). — 59, rue de Mareil, Saint-Germain-en-Laye.

    1389 Nausicaa (appartient à M. Druet).
*1390 Saint-Georges.

DENIS (Claudius), né à Lyon. — 18, impasse du Maine, Paris.

*1391 Au pesage d'Auteuil.
*1392 Aux courses.
  1393 Fête parisienne.
  1394 La fête à Montmartre (eau-forte couleurs) (appartient à M. Sagot).
*1395 Etude.
*1396 Etude.

DENIS-VALVÉRANE (Louis), né à Manosque (Basses-Alpes). — 174, rue de Vaugirard, Paris.

*1397 L'aïoli.
*1398 Oliviers.
*1399 Le garde-champêtre.
*1400 Vieux chemin.

DENISSE (J.-Jean), né à Bordeaux. — Saint-Quentin (Aisne).

*1401 Fleurs (pastel).
*1402 Visage.
*1403 Le bassin (pastel).

DEROUSSE (Mlle Blanche), née à Paris. — 78, rue du Faubourg-Saint-Denis, Paris.

*1404 Nature morte.
*1405 Nature morte.
*1406 Nature morte.
*1407 Nature morte.

DELIS (Henri de Saint), né à Hesdin (Pas-de-Calais. — 8, rue Emile-Zola, Le Havre.

*1408 Le village.
*1409 La montagne (temps gris).
*1410 Le Chamossaire.
*1411 La mer de nuages.
*1412 Chemin sous la neige.
*1413 La neige (ombre et soleil).

DELIS (René de Saint), né à Saint-Omer. — 8, rue Emile-Zola, Le Havre.

*1414 Port du Havre (le soir).
*1415 Barques de pêche (temps gris).
*1416 Barques de pêche (soleil).
*1417 Barques à marée basse.
*1418 Vieux bassin (Le Havre).
*1419 Sortie du port (Honfleur).

DESGENETAIS-MARZOCCHI (Mme Marie), née à Versailles. — 74, rue de la Tour, Paris.

   1420 Portrait de Mlle T. C...
*1421 Petit Breton.
*1422 Bretonne (tête).
*1423 Croquis (sanguine).
*1424 Croquis (sanguine).
*1425 Croquis (sanguine).

DESLANDRE (Camille), né à Châlons-sur-Marne. — Châlons-sur-Marne.

*1426 Matinée brumeuse.
*1427 Pommiers.
*1428 Matinée claire.
*1429 Printemps.
*1430 Eté.

DESLIGNÈRES (André), né à Nevers. — 6, boulevard de Clichy, Paris.

   1431 Neige (Montmartre) (appartient à M. Straez).
*1432 Oliviers (Corse).
*1433 Vieux village (Corse).
*1434 Mer et rochers (Corse).
*1435 Maquis (Corse).
*1436 Marine (matin) Corse.

DESPEYROUX (Louis-Alexandre), né à Cahors. — 62, boulevard de Strasbourg, Paris.

*1437 Vieille mendiante (aquarelle).
*1438 La place de Bretenoux (sépia).
*1439 L'infirme.
*1440 Fin d'une journée d'automne.
*1441 Paysage de montagne.
1442 Le moulin.

DESPREZ (Mlle Simone), née à Amiens. — 21, rue du Vieux-Colombier, Paris.

*1443 Etude de nu.
*1444 Etude.
*1445 Etude.
*1446 Etude.
*1447 Intérieur.
1448 Etude.

DESSERTEAUX (Léon), né à Bourgneuf-Val-d'Or (Saône-et-Loire). — 16, rue Decamps, Paris.

*1449 A l'atelier.
*1450 Automne.

DESTABLE (J.-B.), né à Rethel (Ardennes). — 2, rue Ambroise-Paré, Paris.

1451 La falaise de la Crèche, près Boulogne-sur-Mer (un matin d'août).

DEVARENNE (Anatole), né à Andeville (Oise). — Andeville (Oise).

    *1452 Vieux livres.
    *1453 Rose de Noël.
    *1454 Sous bois (fusain).
    *1455 Vieilles chaumières en Picardie (fusain).
    *1456 Effet de neige (Picardie) fusain.
    *1457 « Chés Gardins » (Picardie) (lithographie).

DEVAY (André), né à Nograd. — 40, rue Rochechouart, Paris.

    *1458 Mon petit modèle.
    *1459 Petite Cléo.
    *1460 Pointe-sèche.
    *1460 bis Nu pointe sèche).

DEVILLE (Jean). — 161, boulevard du Montparnasse, Paris.

    *1461 Nature morte à l'éventail.
    *1462 Le train de banlieue.
    *1463 Paysage d'automne.
    *1464 Nature morte (prunes et melon).
    *1465 Petite pastorale.
    *1466 Vase de fleurs.

DEVINÉ (Jules-Charles), né à Hirson (Aisne). — 40, rue du Luxembourg, Paris.

    *1467 Bord de route en Thiérache.
    *1468 Ferme en Thiérache.
    *1469 Vieilles maisons à Damiette, près Gif.
    *1470 Bords de l'Eure.
    *1471 Chaumière.

DÉZERT (Camille), né à Puteaux. — 12, rue du Centenaire, Puteaux (Seine).

    *1472 Paysage (l'étang de Longchamp).
    *1473 Nature morte (bouquet de lilas).
    *1474 Nature morte (fruits).

DÉZIRÉ. — 10, rue de Perceval, Paris.

    *1475 Le jeu de dominos.
    *1476 Le jeu de cartes.
    *1477 Nature morte (fleurs).

DHIONNET (Armand, né à Montereau. — 11 *bis*, rue de Birague, Paris.

    *1478 Constantinople (le matin).
    *1479 Constantinople (le soir).
    *1480 Côtes de Grèce.

*1481 Paris (inondations Pont Marie).
*1482 Paris (inondations pont Sully).
*1483 Paris (inondations pont d'Austerlitz).

DIAULT (Félix), né à Paris. — 195 bis, rue de Vanves, Paris.

*1484 Bonsoir (etude).
*1485 L'attente (étude).
*1486 Rêverie (étude)..
*1487 Enfin... seuls !
*1488 Une surprise désagréable.
*1489 Ah ! ah ! vieux polisson.

DIRIKS (Edward), né à Christiania. — 18, rue Boissonade, Paris.

1490 Portrait.
*1491 La dame au voile blanc.
*1492 Le Fjord.
*1493 Montagne (îles de Lofoden).
*1494 Hadsla (îles de Lofoden).

DODEL-FAURE (Mme Elisabeth), née à Issoire (Puy-de-Dôme). — La Sauvetat (Puy-de-Dôme).

*1495 La passerelle.
1496 Un coin du parc (Le vieux pavillon).
*1497 Soir d'automne.
*1498 Temps gris.

DOLLEY (Pierre), né à Pauillac (Gironde). — 62, quai de la Tournelle, Paris.

*1499 Nature morte.
*1500 Nature morte.
*1501 Nature morte.
*1502 Etude de nu.
*1503 Etude de nu.

DOMERGUE-LAGARDE, né à Valence-d'Agen. — 25, rue Humboldt, Paris.

1504 Effet de soleil sur le petit Pont-Neuf (forte crue de l'inondation).
1505 Effet de soleil sur le petit Pont-Neuf (décrue).
1506 Effet de soleil sur le petit Pont-Neuf (forte crue de l'inondation).
1507 Effet gris (terre-plein du Pont-Neuf) forte crue.
1508 Vue de la Seine (petit Pont-Neuf) forte crue.
1509 Moulin sur un canal (effet du matin) en Gascogne.

DONGEN (Kees Van). — 6, rue Saulnier, Paris.

*1510 Portrait.
*1511 Clown.

DONTCHEFF (Wladimir), né à Kichinew (Russie). — 13, rue du Château, Paris.

*1512 Etude (Bruges).
*1513 Etude (Bruges).
*1514 Etude (Bruges).
*1515 Etude (Bruges).
*1516 Etude (Bruges).
*1517 Etude (Bruges).

DONZEL (Jules), né à Paris. — 6, rue Charles-Divry, Paris.

*1518 Le village de Jouy-le-Comte.
*1519 La Cour du Diable à Montsoult (S.-et-O.).
*1520 Le lavoir de Bures (S.-et-O.).
*1521 Après l'orage à Janville Juine.
*1522 Vieilles maisons sur les remparts (Antibes).
*1523 Antibes.

DORÉ (Constant), né à Auvers-le-Haman (Sarthe). — 22, rue Maubeuge, Paris.

*1524 Effet de lampe.
*1525 Nature morte.
*1526 Roses jaunes.
*1527 Roses.
*1528 Effet de lampe.

DORIGNAC (Georges), né à Bordeaux. — Verneuil-sur-Seine (Seine-et-Oise), « Clos Rosette ».

 1529 Mère et enfant (appartenant à M. G.-M. du H...)

DORLANNE (Léon), né à Taller (Landes). — Taller (Landes).

 ***1530** Soir d'orage.
 ***1531** Le bûcheron.

DORMAY (Auguste), né au Cateau (Nord). — 3, rue Dutot, Paris.

 ***1532** Château des Salles à marée basse (Paimpol), pastel.
 ***1533** Chênes-lièges d'Abeilard (Saint-Gildas-de-Ruiz), pastel.
 ***1534** Le parc de Saint-Gildas (soleil couchant), pastel.
 ***1535** Cluny ; les Thermes (pastel).
 ***1536** Juin (pastel).

DOUCET (Henri). — 139, boulevard Malesherbes, Paris.

 1537 Tabarin (valse).
 1538 Tabarin (quadrille) (encadrement Meyer).

1539 Femme au chou.
1540 Liseuse.
1541 Paysage (Angles).
1542 Paysage (Italie).

DOUROUZE (Daniel), né à Grenoble. — 53, rue Saint-André-des-Arts, Paris.

*1543 Déclin du jour au golfe Juan.
*1544 Les remparts de Montreuil-sur-Mer. (Pas-de-Calais).
*1545 Le vieux Cannes et l'Estérel.
*1546 Route de la Corniche d'Or.
*1547 Le cimetière des Chartreux de Neuville (Pas-de-Calais).
*1548 Aquarelles :
    1. Montagnes du Dévoluy.
    2. Les dunes de Berck.
    3. Marine.
    4. Marine.
    5. A Chamonix.
    6. A Veynes (Hautes-Alpes).
    7. La Napoule.
    8. Paysage.

DRÉSA (Jacques), né à Versailles. — 23, rue Oudinot, Paris.

*1549 Jardin d'Italie.
*1550 Iris roses.
*1551 Bouquet dans un petit pot à eau.

*1552 Nature morte.
*1553 La gondole (croquis).
*1554 La rêveuse (croquis).

DRÈSEL (Frédéric), né en Autriche. — 2, rue Aumont-Thiéville, Paris.

*1555 Intérieur breton.
*1556 Scène de cabaret.
*1557 L'heure du repas.
*1558 Buveurs.
*1559 Une buvette au Pardon de Sainte-Anne.

DREYFUS (Clément), né à Neuf-Brisach (ancien départemeent du Haut-Rhin). — 162, rue de Rivoli, Paris.

*1560 Le Sausseron, à Valmondois.
*1561 Le Sausseron, à Valmondois.
*1562 Sous bois (forêt de l'Isle-Adam).
*1563 Sous bois (forêt de l'Isle-Adam).
*1564 Brouillard (bois de Vincennes).
*1565 Matinée (bois de Vincennes.

DRIES-MOLINET (Henri), né à Paris. — 76, avenue d'Italie, Paris.

*1566 Un soir dans l'Oise.
*1567 Moulin de la Brèche (Oise).

***1568** Chemin du Pont-de-Pierre (Oise).
***1569** Etude à Plaisir (S.-et-O.).
***1570** Un soir en Seine-et-Oise.
***1571** Etude de tête.

DROUART (Raphaël-Maurice), né à Choisy-le-Roi. 55, rue Notre-Dame-des-Champs, Paris.

***1572** Paysage.
***1573** Paysage.

DUBOIS (Henri-Jean), né à Paris. — 7 *bis*, rue Verdier, à Houilles (Seine-et-Oise).

***1574** Confitures.
***1575** Légumes.
***1576** Vin et fromage.
***1577** Entrecôte.
***1578** Œufs à la coque.
***1579** Fraises.

DUBRON (Mme Pauline-Marie-Louise), née à Arras (Pas-de-Calais). — 3, rue Alfred-Stevens, Paris.

***1580** Fromage camembert.

DUCHAMP (Marcel). — 9, rue Amiral-de-Joinville, Neuilly-sur-Seine.

*1581   Etude de nu.
*1582   Etude de nu.
*1583   Nature morte.
*1584   Masque.

DUCHAMP-VILLON (Raymond), né à Damville (Eure). — 7, rue Lemaître, Puteaux (Seine).

*1585   Portrait d'homme (buste marbre).

DUFOUR (Charles), né à Paris. — 5, rue du Noyer-Mulot, Franconville (Seine-et-Oise).

*1586   Vallée du Goayen.
*1587   Le Pont-Neuf.
*1588   Bateaux-lavoirs (quai de Bourbon).
*1589   Matin au Port-Clos (île Bréhat).
*1590   La grève de Pors-Péron.

DUFRÉNOY (Georges-Léon), né à Thiais (Seine). 21, quai Bourbon, Paris.

1591   Place des Vosges (appartient à M. Druet).
1592   Vue de Sienne (appartient à M. Druet).

DUFY (Raoul), né au Havre. — 27, rue Linné, Paris.

1593 Impression de Munich.
1594 Avenue du Bois.
1595 Le jardin.
1596 Le jardin.
1597 Le jardin.
1598 Lithographie.

DUJARDIN-BEAUMETZ (Mlle Rose), née à Paris. — 12 bis, rue Pergolèse, Paris.

***1599** Le port de Concarneau (Finistère).
***1600** Le Grand Canal (Venise).
***1601** Dans Venise.
***1602** Temps gris (Concarneau).

DULAC (Guillaume), né à Fumel (Lot-et-Garonne). — 26, rue Pigalle, Paris.

***1603** Plaine du Lot.
***1604** Reflets dans l'eau (soir).
***1605** Fenêtre sur la rivière.
***1606** Fleurs et maisons ou bord de l'eau.
***1607** Reflets dans l'eau (matin).
***1608** Marché.

DULOT (Victor), né à Hesdin (Pas-de-Calais). — 33, rue Cazin, Boulogne-sur-Mer.

*1609 Chrysanthèmes.
*1610 Village dans la vallée.
*1611 Le chantier.
*1612 Vase de fleur.
*1613 Prairie ensoleillée.

DUMONT (Pierre), né à Paris. — 7, rue Mcrand, Rouen (Seine-Inférieure).

*1614 Etude de nu.
1615 Portrait.
*1616 Nature morte (fruits).
1617 Portrait.

DUNOYER DE SEGONZAC (A.), né à Boussy. — 37, rue Saint-André-des-Arts, Paris.

*1618 Panneau décoratif.
*1619 Etude de nu.

DUPÉRELLE (François), né à Cournon (Puy-de-Dôme). — Savigny-sur-Orge (Seine-et-Oise).

*1624 Vue de Valpuiseaux (S.-et-O.).
*1625 Vieille porte à Amboise.
*1626 Bords de Seine à Ris-Orangis.

*1627 Bords de la Loire à Amboise.
*1628 Une allée à Epinay-sur-Orge (S.-et-O).
*1629 Notre-Dame de Paris vue du quai de la Tournelle.

DUPERREY (Hippolyte-Célestin-François), né à Londres (Français). — 5, rue de l'Aqueduc, Paris.

1630 Chemin du bois à Bois-le-Roi. (S.-et-M)
1631 Lisière du bois à Bois-le-Roi (S.-et-M.)
1632 Nature morte (étude).

DUPONT (Victor), né à Boulogne-sur-Mer. — 65, rue Blomet, Paris.

*1633 Etude.
*1634 Etude.
*1635 Coin de cheminée.
*1636 L'attelage.
*1637 Au bord du lac.
*1638 Etude.

DURANDEAU (Auguste), né à Bordeaux. — 3, rue Etienne-Dolet, Arcueil-Cachan (Seine).

*1639 Effet de lumière.
*1640 Ma fenêtre de Vouvray à Tours.
*1641 Le soir (les hauteurs de Vouvray).
*1642 Etude du bassin d'Arcachon.

DURANTON (Mlle Jeanne), née à Paris. — 11, rue Guillaume-Tell, Paris.

*1643 La cheminée de M. Gouelle.
*1644 La cheminée (étude tulipes).
*1645 La commode (Dourrendelle) pochade.
*1646 Le café.
*1647 Le pot de Chine.
*1648 Etude (Eglise).

DURIEUX (Amédée), née à Paris. — 57, rue de Dunkerque, Paris.

*1649 Paysage.
*1650 Paysage.

DUSOUCHET (Pierre-Léon), né à Versailles (Seine-et-Oise). — 4, rue de l'Indre, Paris.

*1651 Roses.
*1652 Le chevrier (Bucolique).
*1653 Le soir (Bucolique).
*1654 Nu.

DUTREIX (François), né à Saint-Paul-d'Eyjeaux (Haute-Vienne). — 37, rue de Palestro, Paris.

*1655 Neige et inondation (Paris gare Saint-Lazare).

*1656 Neige et inondation (Paris Notre-Dame).
*1657 La pluie à Paris (avenue des Champs-Elysées).
*1658 Crépuscule du soir (avenue Alexandre Paris).
*1659 Parc Monceau (La naumachie).
*1660 Soir de pluie (Champs-Elysées).

DUVAL-GOZLAN (Léon), né à Paris. — 41, rue de la Tour-d'Auvergne, Paris.

1661 Les blés (presqu'île de Quiberon).
1662 Le soir (presqu'île de Quiberon).
1663 Bords de la Dordogne.
1664 Bords du Lot (près Cahors).
1665 Saint-Colomban (Morbihan).
1666 Anse de Pô (Morbihan).

DUVANEL (Jules), né à Nantes (Loire-Inférieure). — 7, avenue d'Orléans, Paris.

1667 Etudes pour la décoration d'une salle de la propriété de M. X...
*1668 Le chemin de ronde à Brüs.
*1669 Meules au soleil.
*1670 Sur le sable à Port-Fouquet, Belle-Ile-en-Mer (étude).

ECKERT (Robert), né à Vienne (Autriche). — 35, boulevard Rochechouart, Paris.

 *1671 Nigger-Song.
 *1672 Portrait.
 *1673 Paysage en Provence.
 *1674 Après la fête de Montmartre.
 *1675 Après la fête de Montmartre.
 *1676 Paysage en Provence.

ECREMENT (Louis), né à Paris. — 1, rue Châtelain, Paris.

 *1677 Côteaux en Haute-Saône.
 *1678 Arbres morts.
 *1679 L'étang des écrevisses à Chaville.
 *1680 La Seine à Bougival.
 *1681 La plage de Pen-Hat (Camaret).
 *1682 Sur la côte.

EDE (Frédéric), né au Canada. — Montigny-sur-Loing (Seine-et-Marne).

 *1683 Saint-Valéry-sur-Bures.
 *1684 La Béthune à Dampierre.
 *1685 Chaumières à Torcy.
 *1686 L'Eaulne.
 *1687 Neige.

EDSTROM (David), né à Hvetlande (Suède). — 18, quai de Béthune, Paris.

*1689 Le cri de misère (bronze).
*1690 Tête d'un paysan (plâtre).
*1691 Désespoir (plâtre).
*1692 Le Bossu (plâtre).
*1693 Rapsodie (marbre).
*1694 Une vitrine contenant :
    Hermaphrodite.
    Diable de la Peur.
    •Diable de l'Envie.
    Diable de l'Orgueil.
    Deux âmes.
    Jeune apache suédoise.
    Maternité.
    Fragment.
    Le petit hercule.

EFIMOFF (Jean), né à Moscou. — 33, boulevard des Invalides, Paris.

*1695 Un cheval (aquarelle).
*1696 La nuit.
*1697 L'hiver.
*1698 Eaux-fortes.
*1699 Crâne de gorille (eau-forte au vernis mou).
*1700 Gravures sur bois.

EGGIMANN (Jules-Pierre), né à Alais (Gard). — 28, avenue de l'Observatoire, Paris.

*1701 Matin ⎫
*1702 Midi ⎬ Tryptique,
*1703 Soir ⎭
*1704 Pins.
*1705 Chênes et genevriers.
*1706 Avant l'orage (étude).

EKEGARDH (Hans), né à Stockholm. — 33, boulevard des Invalides, Paris.

*1707 Paysage de Bruges.
*1708 Paysage.
*1709 Paysage.
*1710 Paysage.
*1711 Paysage (le bois).
*1712 Port d'Ostende.

ENCÉLY (Alexandre), né à Montaut (Ariège). — 10, place Sainte-Scarbes, à Toulouse.

*1713 Les bords d'un ruisseau.

ESCOURROU (André), né à Paris. — 110, rue Lepic, Paris.

*1714 Tête de vieillard (sanguine).
*1715 A la fenêtre (étude).

*1716 Montmartre (étude).
*1717 Vitry (étude).
1718 Portrait d'ami.
1719 Portrait (pastel).

ESPAGNAT (Georges d'), né à Paris. — 58, avenue de Clichy, Paris.

*1720 Baigneuses.
*1721 Fleurs.
*1722 Fleurs et fruits.
*1723 Bouquets.
*1724 Au bord de la Méditerranée.
*1725 Au bord de la mer.

EUSTACHE (Sylla), né à Paris. — 18, rue Daunou, Paris.

*1726 Milan royal (plâtre).
*1727 Monument à l'aéronaute (cire).
*1728 Un moulin (Seine).
*1729 Vieux Moulin (Seine).
*1730 Un moulin à bouchons (Seine).
*1731 Vieux village (Seine).

FABER DU FAUR (Hans von), né à Stuttgart. — Karlstrasse 20, Munich (Bavière).

*1732 Postillons.
*1733 Nature morte.

*1734 Attelage.
*1735 Étude de paysan (aquarelle).
1736 Nu au bord de la mer (esquisse).
1737 Forêt d'automne (esquisse).

FARGUES (Marcel), né au Croisic (Loire-Inférieure). — 27, rue Ducouédic, Paris.

1738 Argentier (petit meuble).
1739 Vitrine (objets d'art).
(Appartient au Dr N...)

FAUCONNET (Guy-Pierre), né à Chelles (Seine-et-Marne). — 99, rue de Vaugirard, Paris.

1740 Portrait de M. R. C...
*1741 Le corbeau et le renard

FAURE (Mlle Gabrielle), née à Lumbin (Isère). — 20, rue Cassette, Paris.

*1742 L'escalier.
*1743 Lac de Zurich.
*1744 Jardin du Luxembourg.
*1745 Jardin du Luxembourg.
*1746 Poupée japonaise.

FAURÉ (Alphonse), né à Toulouse. — 25, allées Saint-Michel, Toulouse.

*1748 Vieilles maisons (effet du matin).
*1749 Pont et mairie de Montauban.
*1750 Vieux quartiers (effet du soir).
*1751 Le Pont (soleil couchant).

FAUVEL (Robert), né à Paris. — 28, rue du Rocher, Paris.

*1752 A Follainville, près Mantes.
*1753 Bords de la Seine près de Mantes.
*1754 Vieux moulin de Donnemont près Mantes.
*1755 Eglise de Porcheville (S.-et-O.).
*1756 Chrysanthèmes.

FAUVET (Richard), né à Paris. — 10, rue des Haudriettes, Paris.

*1757 Pêches.
*1758 Corbeil (S.-et-O.), quai de la Pêcherie.
*1759 Orage près Plessis (S.-et-O.).
*1760 Coquelicots.
*1761 Nature morte.
*1762 Légumes.

FAVORY (André), né à Paris. — 12, boulevard Emile-Augier, Paris.

*1763 Intérieur.
*1764 Paysage.

FÉBRARI (Raphaël), né à Rezzato (Italie). — 20, boulevard Jourdan, Paris.

1765 Médaille à Ferrer.
1766 Maquette d'un monument à Ferrer pour être élevé en face du Vatican.
1767 L'exode.
*1768 Amour (buste en marbre).
*1769 L'extase (buste en marbre).
*1770 Orgueilleuse (marbre).

FÉDERMANN (Sophie-Margarete), née à Fischhausen Ostpr. — Kœnigsberg Preussen (Prusse Orientale) Hufen, Bahnstrasse 41 a.

*1771 Hérodias et Salomé avec la tête de Jean-Baptiste.
*1772 Cléopâtre.
1773 Piéta (couleur à la détrempe).

FÉLIU (Vicente), né à Valladolid. — 31, boulevard Saint-Michel, Paris.

*1774 Etude.
*1775 Etude.

FELLONNEAU (Henri), né à Libourne (Gironde).
— 97, avenue d'Orléans, Paris.

 1776 Fin de journée sur l'Isle (Gironde).
 1777 Les prés à Saint-Médard-de-Guizières (Gironde).

FÉRON (Julien), né à Saint-Jean-du-Cardonnay. — Le Houlme (Seine-Inférieure).

 *1778 Fin d'hiver (Le Houlme).
 *1779 Paysage sous bois.

FESCHOTTE (Henri), né à Lyon. — 72, rue de Pologne, Saint-Germain-en-Laye.

 *1780 Dans le parc du séminaire (Mortain).
 *1781 Bords de l'Armançon.
 *1782 Coucher de soleil (Tonnerre) (pastel).
 *1783 Nuage rouge (Tonnerre) (pastel).
 *1784 Ciel d'hiver (Tonnerre).
 *1785 Paysage (Tonnerre).

FESNEAU (Auguste-Henri), né à Paris. — 17, rue du Progrès, Vincennes (Seine).

 *1786 Effet de nuit à Venise.
 *1787 Nuit orageuse au large.
 *1788 Pêche au clair de lune à Martigues.

*1789 La Tamise à Londres (la nuit).
*1790 La Tamise à Woolwich (la nuit).
*1791 Soir calme en Hollande.

FEY (Mme), née en Allemagne. — 10, passage Guibert, Paris.

*1792 Une sauvage à l'Ile de France.
*1793 L'Eglise de Cannectancourt.
*1794 Portrait d'une jeune fille en robe blanche.
1795 Portrait de M. P...
1796 Sylvie.
*1797 La jeune fille aux rubans rouges.

FIDRIT (Charles-André), né à Paris. — 1, rue Paul-Féval, Paris.

*1798 Nature morte.
*1789 Verger.
*1800 Effet de soleil.
*1801 Parc au soleil.
*1802 Peupliers au soleil.
*1803 Temps gris.

FIDRIT (Louis), né à Paris. — 6, cité du Vaux-Hall, Paris.

*1804 La récolte du goëmon.
*1805 Le port San-Juan à Pasajes (Espagne).

*1806 Le jardin.
*1807 Sous l'ombrelle (étude).
*1808 Temps gris à Penmarck.
*1809 Au soleil (étude).

FIEBIG (Frédéric), né à Tasen en Courlande (Russie). — 127, rue du Cherche-Midi, Paris.

*1810 Etude.
*1811 La rue Mouffetard (I).
*1812 Notre-Dame.
*1813 Etude.
*1814 La rue Mouffetard (II).
*1815 Clamart.

FIELITZ (Mlle A. Ida), née à Riga (Russie). — 99, rue de Vaugirard, Paris.

*1816 La fête d'une miséreuse.
*1817 Repos.
*1818 A l'écoute.

FILLEY (Georges), né à Chichy (Yonne). — 38, rue Ramey, Paris.

*1820 Ecuyère (esquisse).
*1821 Etude nu.
*1822 Ocre sur blanc (étude).

*1823 Le plâtrier.
*1824 Etude nu.
*1825 Etude nu.

FILLIOL (Ernest), né à Colmar (Alsace). — 126, boulevard Richard-Lenoir, Paris.

*1826 Paysage (feuilles jaunes).
*1827 Notre-Dame de Paris.
*1828 Nature morte (coin de table).
*1829 Nature morte.
*1830 Nature morte.
*1831 Nature morte.

FINOT (Léon), né à Troyes. — 47, rue Viardin, Troyes.

*1832 Après la pluie.
*1833 Matinée de juin.
*1834 Maisonnette dans le bois.
*1835 Soir d'automne.
*1836 Rue Urbain-IV, à Troyes.

FIRMIN (Claude), né à Avignon (Vaucluse). — 54, rue de Seine, Paris.

*1838 Quai de l'Alma, Paris.
*1839 Chemin de Binton (Marne).
1840 Saint-Germain-des-Prés, Paris.
1841 Etude.

FISCHER (Max), né à Paris. — 9, rue Bochard-de-Saron, Paris.

*1842 Innocence.
*1843 Nymphe dormant.
*1844 Nonchalance.
*1845 Songeuse.
*1846 Jeunesse.
*1847 Etude.

FLAMENT (Jacques-Arthur), né à Wavrin (Nord). — 18, rue Saint-Lazare, Paris.

*1848 Automne (arbres).
*1849 Coin de la Butte Montmartre et Square Saint-Pierre.
*1850 Ploumanach (Bretagne).
*1851 Baraques près du Sacré-Cœur (Montmartre).
*1852 Bois de Meudon.
*1853 Maison de Berlioz, rue du Mont-Cenis, Montmartre.

FLANDRIN (Jules), né à Corenc. — 9, rue Campagne-Première, Paris.

*1854 Saint-Marc, Venise (appartient à M. Druet).
*1855 Tulipes et giroflées (appartient à M. Druet).
*1856 Œillets roses (appartient à M. Druet).

FLORÈS-RICARDO, né à Alençon. — 25, boulevard du Montparnasse, Paris.

*1857 Saint-Waast, le soir.
*1858 Le port de Barfleur.
*1859 L'église de Corcy.
*1860 L'église de Montfarville (dessin).
*1861 L'église de Saint-Cénery (dessin).
*1862 Longpont (Aisne).

FLOURENS (Mlle Renée), née à Paris. — 49, rue de Passy, Paris.

*1863 Nègre.
*1864 Femme.
*1865 Nature morte.
*1866 Pont de Neuilly.
*1867 Pont de Neuilly.
*1868 Cygnes.

FOLLET (René-Christian), né à Paris. — 66, rue des Martyrs, Paris.

*1869 Vallée de Montmorency.
 1870 Bords de l'Oise, à Auvers.
*1871 Ferme des laitières, Montmorency.
*1872 Vue prise du Mont Griffard. Montmorency.
*1873 Choisy-au-Bac (Oise).
*1874 Pommes châtaignier.

FOLLIN (Jean-Baptiste), né à Saint-Valéry-en-Caux. — 34, rue des Abondances, Boulogne-sur-Seine.

*1875 Marine. Falaises Normandie, matin.
*1876 Marine. Falaises Normandie, soir.
*1877 Paysage, le lac.
*1879 Nature morte, fin de repas.
*1880 Nature morte.

FOLLOT-VENDEL (Mme Elfriede), née à Elberfeld. — 19, rue Le Verrier, Paris.

*1881 Bouleaux.
*1882 Paysage de Hollande.
*1883 Marché de Honfleur.
*1884 Crépuscule.
*1885 Bébé.
*1886 Fleurs et légumes.

FONTANES (Coiquand de), né à Angers. — 18, rue du Dragon, Paris.

*1887 Au bord du canal, Venise.
*1888 Pastels de Venise.
*1889 Coucher de soleil, Venise.
*1890 Lagune, Venise.
*1891 Canal à Murano.
*1892 Reflet, Venise.

FONTBONNAT (Irène), née à Montluçon (Allier). — 89, rue de Vaugirard, Paris.

*1893 Fleurs (boules de neige, roses, etc.).
*1894 Etude de tête.
*1895 Nature morte.
*1896 Fleurs (roses).
*1897 Intérieur d'église (dessin).
*1898 Petite nature morte.

FORNEROD (Rodolphe), né à Lausanne (Suisse). — 53, rue Lepic, Paris.

*1899 Les Niniches.
*1900 Le buste.
*1901 La boîte à ouvrage.
*1902 Poires et raisins noirs.
*1903 Les œufs rouges.
*1904 Pommes et pot bleu.

FORSBERG fils (Nils), né à Paris. — 46, rue de Châteaudun, Paris.

*1905 Petit port de pêche (Suède).
*1906 Crépuscule (Raa Suède).
*1907 Le Seine pendant la crue.
*1908 Bateaux.
*1909 Etude.
*1910 Etude.

— 137 —

FOUQUET (Emile), né à Oran (Algérie). — 52, avenue du Maine, Paris.

 1911 Laveuses sur le Loing (S.-et-M.).
 1912 Pommes (nature morte).
 1913 Hareng (nature morte).
 1914 Amandes vertes (nature morte).
 1915 Paysage.
 1916 Torse femme.

FOURNIER (Marcel), né à Chantelle-le-Château. — Chez M. Tasset, 31, rue Fontaine, Paris.

 *__**1917**__ Les baigneuses.
 *__**1918**__ Pins au bord de la mer.
 *__**1919**__ Oliviers à Cassis.
 *__**1920**__ Fleurs.

FRAERMANN (Théophile), né à Odessa (Russie). — Chez M. Feinberg, 22, boulevard Saint-Germain, Paris.

 *__**1921**__ Bacchus.
 *__**1922**__ Nature morte.
 *__**1923**__ L'hiver.
 *__**1924**__ Types de la rue.
 *__**1925**__ La musique.
 *__**1926**__ Le jury.

FRANC (Pierre), né à Fontenay-aux-Roses (Seine).
— 27, rue Pierre-Guérin, Paris.

*1927 Le Mont de Lans (Isère).
*1928 Le Mont-Blanc, vu de Sallanches.
*1929 Le Vénéon et le Plan du Lac (Isère).
*1930 Glacier d'Argentière (Haute-Savoie).
*1931 Le Lac Noir (Isère).
*1932 Les Sept Laux (Isère).

FRANCK (Henri), né à Grenoble (Isère). — Chez M. Flandrin, 11, chaussée de la Muette, Paris.

*1933 Les peupliers (aquarelle).
 1934 Prairie de montagne (aquarelle) (appartient à Mme F...).
*1935 Maison au soleil (aquarelle).
*1936 L'église de Corenc (aquarelle).
*1937 Le château de Sarcenas (aquarelle).
*1938 Le noyer (aquarelle).

FRANCK DE WALQUE (Mlle Geinma). — 53, rue Lauriston, Paris.

*1939 Nature morte.
*1940 Laveuses.
*1941 Bureau d'omnibus (Etoile).
*1942 Au bord de l'étang.
*1943 Nature morte.
*1944 Péniche sur la Seine.

FRANKLIN (Mme Mary), née aux États-Unis. — 116, boulevard du Montparnasse, Paris.

*1945 Dans la cathédrale d'Autun.

FRANCONVILLE (Mme Jeanne), née à Paris. — 25, avenue de la Grande-Armée, Paris.

*1946 Château de Chambord.
 1947 La fenêtre au soleil.
*1948 La neige (mars 1909).
*1949 Rue de village en Picardie.
*1950 La neige (janvier 1909).
 1951 Intérieur, le soir.

FRANQUIN (Georges), né à Broussey-en-Blois (Meuse). — 67, rue de Provence, Paris.

1952 Paysage à Livry (appartient à M. Edmond Deleau.
1953 Paysage à Livry (appartient à M. Edmond Deleau.
1954 Paysage à Livry (appartient à M. Edmond Deleau.

FREDERKING (Mlle Charlotte), née à Cassel. — 78, rue d'Assas, Paris.

*1955 Portrait d'enfant.
*1956 Etude.
*1957 Marguerites.

FRESNAYE (De la), né au Mans (Sarthe). — 31, rue Boissière, Paris.

 1958 Portrait de M. J. G...
 1959 Eve.
 1960 Trois petites filles.
 1961 Paysage (peinture à l'œuf).
 1962 Nature morte.
 1963 Statuette plâtre (appartient à M. A. Véra).

FRESSONNET (Francisque-Auguste), né à Roanne. — La Farge, Roanne (Loire).

 ***1964** Tête d'homme en bronze.
 ***1965** Buste de jeune femme (plâtre).

FRIEDRICH (Eugène). — 19, rue des Bons-Enfants, Paris.

 ***1966** Crépuscule.
 ***1967** L'étang de Villeneuve, à Garches.
 ***1968** Vallée aux Pins.

FRIEZ (Othon). — 55, boulevard du Montparnasse, Paris.

 ***1969** Adam et Eve.

FRITZ (Guillaume), né à Buhl (Alsace). — 5, rue d'Alençon, Paris.

*1970 Rayon de soleil.
*1871 Après la pluie (étang de Trivaux).
*1972 Le marronnier (étude).
*1973 Les coteaux de Saint-Cloud.
*1974 Le soir, au bord de la Seine.
*1975 Le matin, à Villeneuve.

FRORIEP (B.), née à Rheydt (Allemagne). — 87, rue Denfert-Rochereau, Paris.

1976 Enfant en plein air.
1977 Portrait d'enfant.
1978 Portrait d'enfant.
1979 Portrait d'enfant.
1980 Etudes de portrait.

FROST fils (Arthur-B.), né à Philadelphie (Etats-Unis). — 20, avenue de Breteuil, Paris.

*1981 Nu, assis.
*1982 Paysage.
*1983 Avenue Niel, soleil.
*1984 Nu, debout.
*1985 Nu, debout (dessin).
*1986 Paysage (Giverny).

FUNKE (Mme Hélène), née à Dresde (Allemagne). — 139, boulevard Saint-Michel, Paris.

*1987 Fillette bretonne.
*1988 Nature morte.
*1989 Paysage.
*1990 Paysage.
*1991 Nu (esquisse).
*1992 Paysage.

GABORIAUD (Josué), né à Paris. — 3, rue de Fourqueux, Saint-Germain-en-Laye.

1993 Le soir bleu.
1994 Vénus couchée.

GABRIEL (Léon), né à Paris. — 11, impasse Ronsin, Paris.

*1995 Œufs sur le plat.
*1996 Marrons.
*1997 Nature morte.
*1998 Le mendiant.
*1999 Harengs.
*2000 Le cidre.

GABRIEL-ROUSSEAU, né à Lyon. — 102, rue de Longchamp, Paris.

—*2001 Coucher de soleil rouge (Penmarch).
*2002 Coucher de soleil (Pointe de Penmarch).

*2003 Mer, rochers et flaques d'eau.
*2004 Mer et rochers.
*2005 La récolte du goëmon (aquarelle).
*2006 Deux aquarelles dans un cadre.

GAIGNEAU (Edmond), né à Neuilly-sur-Seine. — 175, boulevard Pereire, Paris.

*2007 Alfortville (inondation, janvier 1910).
*2008 Draveil (inondation, janvier 1910).

GALARD (Mlle Marthe), née à Bordeaux. — 9, rue Campagne-Première, Paris.

*2009 Cadre de dessins.
*2010 Le bracelet perdu.
*2011 Les trois grâces.
*2012 L'heure trouble.
*2013 Fleurs.
*2014 Douceur.

GALLÉANY (Jean), né à Montpellier (Hérault). — 74, rue de Turenne, Paris.

*2015 Civilisation.
*2016 Après le crime, la honte.

GALTIER-BOISSIÈRE (Mme L.), née à Paris. — 29, rue Vanneau, Paris.

*2017 Zinias.
*2018 Giroflées.
*2019 Dalhias noirs.
*2020 Nature morte.
*2021 Soucis et pétunias.

GANUCHAUD (Paul), né à Paris. — 7, rue Belloni, Paris.

*2022 L'attente (groupe bronze patiné).
*2023 Le soir (groupe bronze patiné).

GARDANNE (Charles), né à Toulon (Var). — 2 bis, rue Perrel, Paris.

*2024 Marine. Drague en réparation dans un vieux port.
*2025 Bords de mer (ocres et verts).
*2026 Soleil levant sur le littoral (Cap Brun).

GARDINER (Anna), née à Londres. — 9, rue Campagne-Première, Paris.

*2027 « Les Tourelles », Collanges (Corrèze).
*2028 Cour de ferme (Dordogne).
*2029 La place du puits, Collanges (Corrèze).

*2030 La petite maison, Collanges (Corrèze).
*2031 Le château (Dordogne).
*2032 Le jardin du Luxembourg (Paris).

GARNOT (André), né à Paris. — 23, boulevard Gouvion-Saint-Cyr, Paris.

*2033 Effet de neige.
*2034 Fiord de Norvège.
*2035 Salle de théâtre.
*2036 Intérieur clair.
*2037 Au fond du fiord.

GAULET (Henry), né à Paris. — 17, Grande-Rue, Saint-Mandé (Seine).

*2038 Chaos dans les Calanche.
*2039 Dans la baie de Calvi.
*2040 Le village de Piana.
*2041 Matin dans les Calanche.
*2042 Un soir dans les Calanche.
*2043 Les Calanche à Piana.

GANSKY (Pierre), né en Russie. — 63, rue Caulaincourt, Paris.

2044 Nymphe et faune.
2045 Femme nue.
2046 Sur une plage.

2047 Parc Monceau (étude).
2048 Femme nue (aquarelle).
2049 Parc Monceau (étude).

GAUTIER (Armand), né à Paris. — 65, rue Dutot, Paris.

*__2050__ Pêche de nuit.
*__2051__ Granville, le roc à marée basse.
*__2052__ Granville, le roc à marée haute.
2053 Notes de voyage dans le Jura :
  1. Baume-les-Messieurs.
  2. Macorney.
  3. Champagnolle.

GAY (Claude), né aux Clefs-sur-Thônes (Haute-Savoie). — Place Carnot, à Annecy (Haute-Savoie).

*__2056__ Vallée des Bornes, Pont des Etroits.
*__2057__ Vieux Bains de St-Gervais et le Mont-Blanc.
*__2058__ Petit Bornand, Pont de la Ville.
*__2059__ Route et chef-lieu de Saint-Jean.

GAYET (Ernest), né à Lyon. — 11, quai de la Pêcherie, Lyon (Rhône).

*__2060__ Village des Baux (pastel).
*__2061__ Le beffroi de Salers (pastel).

*2062 L'Ecluse (aquarelle).
*2063 Les Bruyères (aquarelle).
*2064 Reflets (aquarelle).

GENTY (Charles), né à Jargeau (Loiret). — 38, rue Saint-Vincent, Paris.

*2065 Paysage catalan.
*2066 Les ramasseurs de sable.
*2067 Environs de Collioure.
*2068 Bords de la Méditerranée.

GÉOBELOUET (Edouard), né à Paris. — 43, rue de la Victoire, Paris.

*2069 Intérieur de bric-à-brac.
*2070 Intérieur clair.
*2071 Symphonie en bleu (Boudoir de l'Impératrice, à Compiègne).
*2072 Bibliothèque de l'Empereur, à Compiègne.
*2073 Effet de lumière (intérieur).
*2074 La vallée d'Antoire (Lot).

GEORGE (Mlle Dorothée), née à Londres. — 25, rue Boissonade, Paris.

*2075 Esquisse pour une décoration.
*2076 Esquisse pour une décoration.

2077 Esquisse pour une décoration.
2078 Projet d'affiche.
2079 Dessin.
2080 Eau-forte en couleur.

GEORGET (Henri), né à Epernay. — 2, rue Brown-Séquard, Paris.

2081 Fleurs.
2082 Dans les bois.
2083 Eucalyptus.
2084 Anémones.
2085 Paysage (dessin).
2086 Paysage (dessin).

GERHARDI (Mme Ida), née en Westphalie. — 108, boulevard du Montparnasse, Paris.

2087 Portrait japonais.
2088 Portrait de l'artiste.
2089 Portrait d'enfant.
2090 Portrait de Manfred de S...
2091 Portrait de Mme S...
2092 Pluie.

GEREBTZOFF (Mlle Anne), née en Russie. — 9, rue Falguière, Paris.

2093 Paysage.
2094 Vénus.

2095 Italienne.
2096 Sculptures remarquables du Musée ethnographique de Berlin.
2097 Venise.
2098 Environs de Liège.

GHÉON (Henri), né à Argentières. — Boulevard Dubreuil, à Orsay (Seine-et-Oise).

*2099 Nature morte.
*2100 Aux violettes.
*2101 Intérieur.
*2102 Bégonias.
*2103 Paysage.
*2104 Bouquet.

GICQUEAU (Auguste), né à Paris. — 41, Grande-Rue, Bourg-la-Reine.

*2105 Jeune mère.
*2106 Bateau échoué dans le port de Camaret.
*2107 Port de Camaret.
*2108 Coucher de soleil.
*2109 Effet de lumière.

GIHON (Albert), né aux Etats-Unis d'Amérique. — 59, avenue de Saxe, Paris.

*2110 Episy.
*2111 Sur le Loing.

*2112 Soir doux.
*2113 La vanne rouge.
*2114 Marie.

GILLES (Artur), né à Cologne. — 87, rue Denfert-Rochereau, Paris.

*2115 Nature morte.
*2116 Nature morte.
*2117 Femme couchée.

GILMAN (Harold), né à Trome, Somerset. — Snargate Rectory, Rommey Marsch. Kent, England (England).

*2118 Man drawing.
*2119 Man.
*2120 Snow scene.
*2121 Neige.
*2122 Still life.
*2123 Still life.

GIMENO (Andrès), né à La Granja (Espagne). — 5, cité Fénelon, Paris.

*2124 Têtes de fumeurs (pastel).
2125 Tête de vieillard (appartient à M. de Chaudesaigues de Tarrieux).
*2126 Vieille femme pelant une orange.

*2127 Femme boutonnant ses bottines.
*2128 Tête d'Espagnol.
*2129 Femme à la lanterne (pastel).

GIRAN-MAX (Léon-Maxime), né à Paris. — 65, rue de Douai, Paris.

*2130 L'ami Pierrot.
*2131 Les grouettes à Neuville.
*2132 Avoines à Neuville-sur-Oise.
*2133 Paysage à Neuville.
*2134 Paysage à Anvers.

GIRARDOT (Henri), né à Grenoble. — Les Ombrages, La Tronche (Isère).

*2135 Nature morte.
*2136 Bouquet de roses.
*2137 Au bord de la rivière.
*2138 Méditerranée (Nervi, Italie).
*2139 Tom Gropallo (Nervi).
*2140 Les Tamaris (Nervi).

GIRAUDET (Joanny), né à Moulins (Allier). — 2, place Rabelais, Meudon (Seine-et-Oise).

*2141 Bruyères en fleur (pastel).
*2142 Balzac à Meudon (pastel).
*2143 Sur l'eau (aquarelle).
*2144 Vue de Meudon (aquarelle).

GIRAULT (Mme Jane), née à Neuilly-sur-Seine. — 4, avenue Daubigny, Paris.

 2145 Anémones (appartient à Mme J...).
*2146 Anémones.
*2147 Roses.
*2148 Anémones et pots bleus.
*2149 Anémones.
. 2150 Lunaires et plumes de paon (appartient à Mme V...).

GIRIEUD (Pierre). — 30, rue Saint-Vincent, Paris.

 2151 Deux amies (appartient à M. Werner Ducker).
*2152 Esquisse.
*2153 Paysage.
*2154 Figure sur fond rouge.
*2155 Figure sur fond jaune.

GIRIN (David), né à Lyon. — 13, rue Emile-Zola, Lyon (Rhône).

*2156 Fête antique.
*2157 Printemps.
*2158 Le port embrumé.

GLEIZES (Albert-Léon), né à Paris. — 20, avenue Gambetta, Courbevoie (Seine).

2159 Portrait de René Arcos.
2160 L'arbre.
2161 Le quai.
2162 L'arbre (dessin).
2163 Bagnères-de-Bigorre (dessin).
2164 Dans les Pyrénées. Bagnères-de-Bigorre (dessin).

GMINSKA (Engelbert), né à Meran (Tyrol). — 9, rue Campagne-Première, Paris.

*2165 Terrassières italiennes.
*2166 Soir dans les dunes.
*2167 Des saules.

GOBILLARD (Mlle Paule), née à Quimperlé. — 40, rue de Villejust, Paris.

*2168 Etude.
*2169 Devant la glace.
*2170 Dahlias.
*2171 Paysage.
*2172 Figures.

GODCHAUX (Eugène), né à Pau (Basses-Pyrénées). — 10, place Dancourt, Paris.

*2173 Vallée de la Bièvre.
*2174 Effet de soleil.
*2175 L'inondation.
*2176 Moulin de la Galette.
*2177 Canal de la Villette.
*2178 Paysage.

GODEFROY (Gustave), né à Granville (Manche). — 35, rue Lamarck, Paris.

*2179 Marine (aquarelle).
*2180 Marine (aquarelle).
*2181 Marine (aquarelle).
*2182 Marine (pastel).
*2183 Marine (pastel).

GORE (Spencer J.), né à Epsom (Angleterre). — 19, Fitzroy Street Fitzroy Square, Londres, W. C.

*2184 La fenêtre.
*2185 Chanteur.
*2186 Ballet.
*2187 Femme nue.

GOSSELIN (Mlle Emilie), née à Paris. — 5, rue Nouvelle (rue de Clichy), Paris.

*2188 Planche avec plaques propreté (plâtre); Sujet : Femmes et fleurs.
2189 Motifs fer pour buvards.

GOTTLIEB (Léopold), né à Cracovie (Pologne). — 9, rue Campagne-Première, Paris.

*2190 La Cène (fragment-esquisse).
*2191 La Piétà.
*2192 La résurrection de Lazare.

GOTTS (Joé P.), né à Paris. — 14, rue Bonaparte, Paris.

*2193 Paysage.
*2194 Paysage.
*2195 Crépuscule en forêt.
*2196 Paysage.

GOUMOIS (William de), né à Bâle (Suisse). — Riehen, près Bâle (Suisse).

*2197 Crépuscule au large.

GOUPY (Marcel), né à Paris. — 10, rue Charlot, Paris.

*2198   Grande marée (Etretat).
*2199   Moulins dans le brouillard.
*2200   Inondation quai Montebello.
*2201   Cap Roux (Esterel).
*2202   Les châtaigniers.
*2203   La Creuse (Crozant).

GRABOWSKA (Mlle Caroline), née en Pologne. — 14, rue Boissonade, Paris.

2204   Saint-Marc (Venise).
2205   Cour du Palais des Doges (Venise).
2206   Souvenir de Pologne.
2207   Village polonais.
2208   Dame en bonnet bleu.
2209   Nature morte.

GRAF (Mlle Ilma), née à Sopron (Hongrie). — 6, rue Francisque-Sarcey, Paris.

2210   Fleurs jaunes.
2211   Guignols.
2212   Guignols.
2213   Nature morte.
2214   Nature morte.
2215   Nature morte.

GRAND (Léon), né à Limoges (Haute-Vienne). — Rue Brongniart, Limoges.

*2216 Rentrée à la ferme.
2217 Bords de la Gartempe.
*2218 Bords de la Vienne.
*2219 Bords de l'Aurence.

GRANDJEAN (Henri-Etienne), né à Paris. — 41, avenue Jamin, Joinville-le-Pont (Seine).

*2220 Gelée blanche.
*2221 Neige.
*2222 Après-midi d'automne.
*2223 Sous bois.
*2224 Chemin de terre.
*2225 Clairière.

GRANDJOUAN (Jules), né à Nantes. — 34, rue Lhomond, Paris.

*2226 Jour gris.
*2227 Jardin.
*2228 La nappe jaune.
*2229 Westminster et Londres.
*2230 Westminster Bridge Londres.
*2231 Cannon Bridge Londres.

GRANGE (François), né à Aiguebelle. — Randens (Savoie).

 *2232 Intérieur.
 *2233 Matinée d'automne.
 *2234 Les Marronniers. — Effet de neige.
 *2235 Paysage de Savoie. — Automne.
 *2236 Vallée de l'Arve (pochade).
 *2237 Dernier rayon sur la vallée (pochade).

GRANOVSKY (J), né à Ekaterinoslav (Russie). — 7, cité Falguière, Paris.

 *2238 Panneau décoratif.
 *2239 Interremone.
 *2240 Sur le pré.
 *2241 Etude.
 *2242 Etude.
 *2243 Dessin.

GRANSART (Emile), né à Paris. — 15, rue Cauchois, Paris.

 *2244 Le port de Nice.
 *2245 La rue du Port (Granville).

GRANZOW (Vladislav), né à Varsovie. — 2, rue Aumont-Thiéville, Paris.

 *2246 Chercheur de crabes.
 *2247 Effet du soir.

*2248 Cressidha à Corfou.
*2249 Bord de la mer à Corfou.
*2250 La vasque.
*2251 Crépuscule au parc.

GRÉGOIRE (Louis), né à Hédé, près Rennes (Ille-et-Vilaine). — Autrain-sur-Couesnon (Ille-et-Vilaine).

*2252 Mer à Saint-Guénolé (Finistère).
*2253 Côte sauvage à Quiberon (Morbihan).
*2254 Côte sauvage à Quiberon (Morbihan).
*2255 Sous bois.
*2256 Pointe de l'aiguille, à Morgat (Finistère).
*2257 Pointe des Pois, à Camaret (Finistère).

GRÉGORIAN (Jean). — 5, impasse Ronsin, 152, rue de Vaugirard, Paris.

*2258 Le tourneur sur bois.
*2259 La toilette.
*2260 La jeunesse.
*2261 Le pot cassé.
*2262 Les deux travailleuses.
*2263 Pureté.

GREGORY (Margaret), né en Pays de Galles. — 16, rue de Fleurus, Paris.

*2264 Portrait d'artiste.
*2265 Intérieur.

*2266 Au Wonderland.
*2267 Nature morte.
*2268 Etude.
*2269 « Malbrouck s'en va t'en guerre ».

GREGORY (Robert), né en Irlande. — 16, rue de Fleurus, Paris.

*2270 Finavarra.
*2271 Ballyrchelan..
*2272 Burren.
*2273 Intérieur.
*2274 Etude.
*2275 Etude.

GRESSETEAU (Paul), né à La Garenne-Colombes. — 8, rue Chauveau-Lagarde, Paris.

2276 La mare aux carpes.
2277 Premières brumes.
2278 La source.

GREUILLET (Mme Marie), née à Paris. — 47, rue Blomet, Paris.

*2279 Dans le jardin.
*2280 La Madeleine.
*2281 Nature morte.

GRILLON (Roger), né à Poitiers (Vienne). — 162, boulevard Voltaire, Paris.

    *2282 Nu courbé.
    *2283 Au lit.
    2284 Tête d'enfant dans le soleil (appartient à M. C...).
    2285 Portrait dans le jardin.
    *2286 Au soleil couchant.
    *2287 L'entrée du château du Labourelie.

GROS (Lucien), né à Pau (Basses-Pyrénées). — 11, boulevard Bertrand-Barère, Tarbes (Hautes-Pyrénées).

    *2288 Lourdes, le soir.
    *2289 Aviation aux Pyrénées.

GUÉNIFEY (De), né à Paris. — 25, avenue d'Antin, Paris.

    *2290 Coucher de soleil à Aizier.

GUÉROULT (Maurice), né à Paris. — 7, square Alboni, Paris.

    2291 Portrait de Mme J. G...
    *2292 La sieste.

*2293 Baigneuses.
*2294 Écuyère.
*2295 Bouquet de lilas.

GUIDO (Alfred), né à Turin (Italie). — 74, rue Bonaparte, Paris.

*2296 Bois de Boulogne.
*2297 Bois de Boulogne.
*2298 Bois de Boulogne.
*2299 Bois de Boulogne.
*2300 Nature morte.
*2301 Nature morte.

GUIEU (François), né à Marseille. — 86, boulevard du Montparnasse, Paris.

*2302 Vieille rue en Provence.
*2303 La vieille fontaine.
*2304 Un coin à Martigues.
*2305 La terrasse de Saint-Cloud.
*2306 Saint-Cloud. — Automne.
*2307 Petite place en Provence.

GUILLAUMET (Mlle Yvonne), née à Paris. — 49, rue de Passy, Paris.

*2308 Femme à sa toilette.
*2309 Nature morte.

*2310 Femme au lampion.
*2311 Vue du Thuit (Eure).
*2312 Vigne vierge.
*2313 Pochade.

GUILLEBERT (Maurice), né à Criquetot (Seine-Inférieure). — 31, avenue de Versailles, Paris.

*2314 Pendant la chasse.

GUILMANT (Félix), né à Boulogne-sur-Mer (Pas-de-Calais). — 33, avenue du Maine, Paris.

*2315 Impression de contre-jour.
*2316 Nature morte.
*2317 Table fleurie.
*2318 Verreries.

GURWICZ (G.), né à Moscou (Russie). — 2, passage de Dantzig, Paris.

*2319 Portrait.
*2320 Portrait.
*2321 Portrait (étude).
*2322 Nu.
*2323 Esquisse décorative.
*2324 Esquisse décorative.

GWOZDECKI (Gustaw), né en Pologne. — 9, impasse de l'Astrolabe, Paris.

*2325 Peinture.
*2326 Peinture.
*2327 Peinture.
*2328 Peinture.
*2329 Peinture.
*2330 Sculpture.

GYANINY (Georges), né à Paris. — 19, rue d'Orsel, Paris.

*2331 La barque.
*2332 Le chemineau.
*2333 Un chemin par la neige.
*2334 Le nuage blanc.
*2335 La route blanche.
*2336 Un coin d'étang en automne.

HALL (Mme Hall van), née à Utrecht. — 21, rue Vondel, Amsterdam (Hollande).

*2337 Femme du peuple (plâtre).
*2338 Gamin (plâtre).
*2339 Jeune fille (bois).

HANIN (Mlle Herminie), née à Boudry (Suisse), de parents français. — 53, avenue Bosquet, Paris.

*2340 Chloris.

HANRIOT (Jules-Armand), né à Arpajon (Seine-et-Oise). — 13, rue Girardon, Paris.

*2341 Baigneuses.
*2342 Sylvie.
*2343 Le sourire.
*2344 Rébecca.
*2345 Crépuscule du soir.
*2346 Le nid.

HARISON (Bernard), né à Londres. — 89, rue de Vaugirard, Paris.

*2347 L'Institut.
*2348 La prison des Doria.
*2349 Rapallo.
*2350 Sienne, crépuscule.
*2351 Rapallo.
*2352 San Michele digure.

HARISON (Mme Mabel), née en Angleterre. — 131, rue de Vaugirard, Paris.

*2353 Au café (Venise).
*2354 San Giorgio (Venise).
*2355 Etude de fleurs.
*2356 Au bord de la Seine.
*2357 Etude.
*2358 Verona.

HASSENBERG (Mme Rena), née à Varsovie. — 151 bis, rue de Grenelle (cité Négrier), Paris.

*2359 Les céleris.
*2360 Vase de fleurs.
*2361 Paysage de Sicile.
*2362 Village en Sicile.

HAYDEN (Henry), né à Varsovie. — 5, rue Berthollet, Paris.

*2363 La pointe de Kervoyal.
*2364 Le matin à la mer.
*2365 La primevère.
*2366 Portrait d'un garçon.
*2367 Portrait d'une jeune femme.
*2368 Femme à la fleur.

HAZLEDINE (Alfred), né à Mold. — 224, rue Verte, à Bruxelles (Belgique).

*2369 Dimanche sur la Tamise.
*2370 Coin de la Tamise.
*2371 Paysage anglais.
*2372 La tasse de thé.
*2373 La manifestation populaire à Bruxelles.
*2374 Joyeuse entrée d'Albert Ier à Bruxelles.

HÉBERT (Charles), né à Genève (Suisse). — 13, rue Marsollier, Paris.

*2375 Le bief (Savoie).
*2376 Matin d'août (Savoie).
*2377 Le clos des lierres.
*2378 Temps gris.
*2379 La procession (esquisse).

HEBMANN (Conrad), né à Frontenaud. — 18, rue Edouard-Larue, Le Havre.

*2380 Poste de douane (Varengeville).
*2381 La falaise (Varengeville).
*2382 Harengs grillés (nature morte).
*2383 Portrait de Mlle S. D...

HÉGO (Maurice-Joseph), né à Paris. — 31, avenue Henri-Martin, Paris.

*2384 Plage au soleil (Préfailles-sur-Mer).
*2385 La mer à Préfailles-sur-Mer.
*2386 Impressions (Préfailles-sur-Mer).
*2387 Etude.
*2388 Etude.
*2389 Pêcheuse d'Etaples (Pas-de-Calais).

HÉLIS (Henri), né à Romorantin. — 30, rue Vernier, Paris.

 *2390 Le Cher à l'automne.
 *2391 Prés à Villefranche.
 *2392 Le village de Bourrée.
 *2393 Le Cher.
 *2394 En Sologne.

HÉMARD (J.), né aux Mureaux (Seine-et-Oise). — 12, rue Chanoinesse, Paris.

 *2395 Projet d'affiche pour parfumeur.
 *2396 Projet d'affiche pour liqueur tonique reconstituante.
 *2397 Civilités.
 *2398 Cadre de dessins humoristiques.
 *2399 Projet d'affiche pour cacao, lait, café, chocolat.
 *2400 Cadre contenant trois Bretonnes A B C.

HÉRIOT (Justin), né à Essoyes (Aube). — 15, rue Chanez, Paris.

 *2401 Château de la Petite-Pierre (panorama des Vosges).
 *2402 Etang des écrevisses (Chaville).
  2403 Portrait de Mlle Zélie B...
 *2404 Cabane de douaniers à Rothéneuf.
 *2405 Sous bois à Chaville.
 *2406 Les saules, étang de Villeneuve.

HERMANN-PAUL. — 12, rue Faustin-Hélie, Paris.

*2407 Etude au butcher's coat.
*2408 Etude caraque.
2408 bis Etude au veston blanc.
2408 ter Le Philosophe.
2409 Les abat-jour.

HERNANDEZ-GIRO (Juan-E.), né à Santiago de Cuba. — 14, boulevard Edgar-Quinet, Paris.

*2409 bis Coin de forêt avec biches.
*2410 Paysage en Picardie.
*2411 Etude de femme (aquarelle).
*2412 Port de Javel, à Paris (aquarelle).
*2413 L'inondation au pont de la Tournelle. (aquarelle).
*2414 Nocturne (pastel).

HEROLD (Mme Marguerite), née à Mauves (Loire-Inférieure). — 20, rue Greuze, Paris.

2415 Jardin.
2416 Portrait (pastel).
2417 Portrait (pastel).

HERPIN (André), né à Paris. — 39, boulevard Saint-Jacques, Paris.

*2418 Vue sur Quiberville-Ste-Marguerite.
*2419 Vasterival-Varengeville.

8

*2420 Chaumière fleurie.
*2421 Rochers à Bréhat.
*2422 Valleuse-Varengeville.
*2423 Ciel, vent d'ouest.

HERTZ-EYROLLES (Mme Cécile), née à Paris. — Arcueil-Cachan (Seine).

*2424 Nature morte: Pamplemousses:
*2425 Nature morte : Pommes et raisins.
*2426 Chardons bleus.
*2427 Chardons argentés.
*2428 Pommes de pin.
*2429 L'aqueduc d'Arcueil.

HERVÉ (Julien), né à La Basse-Indre (Loire-Inférieure). — 3, place de la Sorbonne, Paris.

*2430 Au meeting.
*2431 Actualité.
*2432 Clair de lune (Seine-Inférieure).
*2433 Musée de Cluny.
*2434 Saint-Antoine.
*2435 Les oubliées de la rue Blainville.

HERVÉ (Charles), né à Plélan (Ille-et-Vilaine). — 30, rue d'Enghien, maison Pellerin (tableaux modernes).

*2436 Intérieur de bergerie.
*2437 Intérieur de bergerie.

*2438 Intérieur de bergerie.
*2439 Intérieur de bergerie.

HERVIEU (Louise-Jeanne-Aimée), née à Alençon. 26, avenue Reille, Paris.

2440 Les fiancés.
2441 Sirène.
2442 Ménagère.
2443 Dessins :
 La femme et le serpent.
 La femme et le chat.
 La femme et les colombes.
2444 Album pour les enfants :
 Le chat de caoutchouc.
 Le sommeil de la poupée.
 Le berceau de bébé.
 Les jouets.

HESSE (Mme Alice), née à Paris. — 5, rue Saint-Louis, Villemomble (Seine).

*2445 Nature morte : jacinthes bleues.
*2446 Nature morte : narcisses jaunes.
*2447 Bégonias dans le jardin.
*2448 Tulipes dans la serre.
*2449 Fleurs dans la serre.
*2450 Mandarines et primevères.

HEYERDAHL (Hans). — Blomquist, Christiania (Norvège).

2451
2452
2453
2454
2455
2456

HILLAIRET (Anatole), né à Saujon (Charente-Inférieure). — 54, rue Lamartine, Paris.

***2457** La Seine quai des Tuileries.
***2458** Coin du Louvre.
***2459** La Seine pont de la Tournelle.
***2460** Paysage d'Auvers-sur-Oise.
***2461** La Seine pont des Saints-Pères.

HIRSCH (Louis), né à Paris. — 120, rue de la Station, Ermont (Seine-et-Oise).

***2462** Le soir (Forêt de Fontainebleau).
***2463** La mare de la Grille-Dorée (Eaubonne).

HOETGER (Bernhard), né à Hoerde (Allemagne). — 108, rue de Vaugirard, Paris.

2464 Eve.
2465 Relief.

HOFFMANN (Mme A.), née à Londres. — 6, place Vendôme, Paris.

 2466 Vitrine contenant :
   Un coffret cuir incisé ;
   Un coffret cuivre et étain ;
   Un croisé byzantine ;
   Un plateau grès application étain ;
   Une boîte à cartes cuivre et étain ;
   Une pelote à épingles en argent.

HOLT (Mlle Ada Heléna), née à Londres (Angleterre). — 14, rue Boissonade, Paris.

 ***2767** Vue de Venise.
 ***2768** Vue de Venise.
 ***2769** Vue de Venise.
 ***2770** Vue de Venise.
 ***2771** Vue de Venise.
 ***2772** Masque de bébé, sur planche (terre cuite).

HOMOLACS (Mme Nina Alexandrowicz), née en Pologne. — 37, rue Denfert-Rochereau, Paris.

 ***2473** Basset (plâtre).
 2474 Marabout (plâtre).
 ***2475** Papiers (plâtre).
 ***2476** Poules (plâtre).
 ***2477** « Opinion » (grès flammé).
 ***2478** Raie (grès flammé).

HORVILLEUR (Léon), né à Lunéville (Meurthe-et-Moselle). — 1, rue Villaret-de-Joyeuse, Paris.

2479 Type de jeune Mexicain (aquarelle).
2480 Mendiante centenaire mexicaine (aquarelle).
2481 Tête de vieux Turc (aquarelle).
2482 Un coin de la baie de Guaymas (golfe de la Californie) (aquarelle).
2483 Un coin de la baie de Guaymas (golfe de la Californie) (aquarelle).

HOURTAL (Henri), né à Carcassonne. — 9, impasse de l'Enfant-Jésus, Paris.

*2484 Fête nationale.
*2485 Fête nationale.
*2486 Jardin public (pastel).
*2487 Jardin public (pastel).
*2488 Marché.
*2489 Coin de rue.

HUET (Léon-Armand), né à Vitry-sur-Seine. — 1, boulevard Lamouroux, Vitry-sur-Seine.

*2490 Le jardin du fleuriste (paysage).
*2491 Maison normande (paysage).
*2492 Allée au soleil (paysage).
*2493 Le pauvre intérieur d'église.
*2494 Après la séance (intérieur d'atelier).
*2495 Tentation (Jardin des Tuileries).

HUGARD (Salvator), né à Paris. — 52, rue La Condamine, Paris.

*2496 Le déjeuner hollandais.

HUGONNET (Aloys), né à Morges. — Chez M. Gréard, 10, galerie Véro-Dodat, Paris.

*2497 Le lit.
*2498 Le bouquet du matin.
*2499 Le pont au Change.
*2500 Reines-marguerites.
*2501 Pommes rouges.
*2502 Soucis (vase bleu).

HUGUET-NUMA, né à Nogent-en-Bassigny (Haute-Marne). — 3, rue Meynadier, Paris.

*2503 Femmes à Bruges.
*2504 Marché à la poterie.
*2505 Etude d'église.
*2506 Types de gitanes.
*2507 Les travaux du métro.
*2508 Etude.

HUMBLOT (Léon), né à Paris. — 8, rue André-Gill, Paris.

*2509 Pare au grain, les gas !
*2510 Vieux patron et moussaillon.

*2511 Les loups de mer.
*2512 Retour de pêche.
*2513 Hale ! hale ! hale !
*2514 Femme d'Equihen (costume de fête).

HUNTER (Mme Ida Clark), née aux Etats-Unis d'Amérique. — 117, rue Notre-Dame-des-Champs, Paris.

*2515 Panneau décoratif.
*2516 Poupée.
*2517 Bébé.
*2518 Etude.
*2519 Fleurs.

HUNTER (Mlle Eléonore), née à Boulogne-sur-Mer. — 218, boulevard Raspail, Paris.

*2520 Bohémiens à Etaples.
*2521 Dans les bois de sapin (Etaples).
*2522 En Cornouailles.
*2523 Soirée d'été.
*2524 Marée montante.

HURARD (Joseph-Marius), né à Avignon. — 24, rue des Trois-Colombes, Avignon (Vaucluse).

*2525 Au soleil (Villeneuve-les-Avignon).
*2526 Une fontaine le matin (Villeneuve-l-A.).
*2527 Soleil d'automne (Villeneuve-les-A.).

*2528 Au bord du Rhône (Villeneuve-l-A.).
*2529 Rue du vieux Villeneuve.
*2530 Temps gris (Villeneuve-les-Avignon).

HURÉ (Mme Adèle), née à Sedan (Ardennes). — 1, rue de Jouy, Paris.

2531 Nature morte : cuivre.
2532 Cuivre et citrons.
2533 Melon (étude).

HUYOT (Albert), né à Paris. — 14, passage Tivoli, Paris.

2534 Décor (peinture).
*2535 Nature morte (peinture).
*2536 Dessin.
*2537 Dessin.
*2538 Dessin.
*2539 Dessin.

HUZARSKI (Venceslas-Théophile), né à Varsovie. — 9, rue Campagne-Première, Paris.

*2540 Trois jeunes filles.
*2541 Nature morte.
*2542 Jeune fille portant une cruche.
*2543 La fiancée.
*2544 Jeune fille avec un bélier.
2545 Portrait.

IGOUNET DE VILLERS, né à Paris. — 53 ter, quai des Grands-Augustins, Paris.

*2546 Rue de village, à Chevry-en-Sereine.
*2547 Le poirier à Ninie (Chevry).
*2548 La rue du Mont-Cenis (vieux Montmartre).
*2549 La crue de la Seine au quai des Grands-Augustins, le 30 janvier.
*2550 Quai des Grands-Augustins, le soir.
*2551 L'écluse de la Monnaie, le pont Neuf et le Vert-Galant (sépia).

IROLLI (Vincent), né à Naples. — 58, rue de la Chaussée-d'Antin, Paris.

*2552 A la terrasse.
*2553 Ascétisme.
*2554 La mort du petit oiseau.
*2555 Tête de femme.
*2556 Caresses (pastel).

ISLE (Charles de l'), né à Paris. — Rue du Général-Beuret, Paris.

2557 Un cadre :
    Le Ouainé et la baie de St-Brelade, Jersey (étude) ;
    La baie de Saint-Aubin, Jersey (ét.) ;
    Le cap Carteret (Manche) (étude).
*2558 Retour de pêche (Cancale).
*2559 L'heure de la marée (port de Granville).

IWILL (Mlle Germaine), née à Paris. — 11, quai Voltaire, Paris.

    *2560 Femme en noir.
    *2561 Femme en blanc.
     2562 Dessins :
        Feuilles d'album (appartient à la baronne de N...).
        Dessin rehaussé (appartient à M. Jean Mabit).
        Dessin rehaussé (appartient à Mme H. Gault).

JACK, né au Havre. — 16, rue Chappe, Paris.

    *2566 Femme dans un intérieur.
    *2567 La place J.-B.-Clément à Montmartre.
    *2568 Le port de Camaret.
    *2569 Souvenir de Goya.

JACOB (Alexandre), né à Paris. — 90, rue de Châteaudun, Asnières (Seine).

    *2570 La route à Varennes.
    *2571 Vieux moulin.
    *2572 Paysage.
    *2573 L'Orbiquet près Lisieux.
    *2574 Bords de l'Orne.
    *2575 Paysage.

JACOB-HIANS, né à Paris. — 18, rue d'Odessa, Paris.

*2576 Paysage.
*2577 Les bottelées.
*2578 Chalands.

JACQUE (Frédéric), né à Paris. — 87, rue Lepic, Paris.

*2579 Petites eaux-fortes (gravure).
*2580 Le matin.
*2581 Etude.
*2582 Vaches à l'abreuvoir.
*2583 Croquis (dessin).

JACQUEMOT (Charles-Louis), né à Tours. — 4, avenue Daubigny, Paris.

*2584 Vases de Chine.
*2585 Vases de Chine.
*2586 Etude.
*2587 Le Cher à Saint-Avertin.
*2588 Potiche.
*2589 Falaise au Tréport, matin.

JACQUILLAT DE VILLERET (Gaston), né à Paris. — 471, route de Nanterre, Petit-Colombes (Seine).

*2590 Nature morte.
*2591 Bords de la Marne (petit bras).

*2592 Vieilles maisons à Trilport.
*2593 Meules de paille à Bezons.
*2594 Souterrains à la Folie (La Garenne-Bezons).
2595 Etude de ciel (plaine de Colombes).

JAMBON (Léopold), né à Hagetmau (Landes). — Rue Vincent-de-Paul, Dax.

2596 Concurrents du Grand-Prix 1909.
2597 Gagnant du Jockey-Club 1909.
2598 Oversight.
2599 Derby Winner Epsom 1909.
2600 Derby Winner Ascot 1909.

JAMOT (Paul), né à Paris. — 11 bis, avenue de Ségur, Paris.

*2601 Baie d'Aiguebelle.
*2602 Aiguebelle.
*2603 Saint-Clair.
*2604 Saint-Clair.
*2605 Bièvres.
*2606 Jardin à Bièvres.

JANDRON (Mlle F.-L.), née à Lyon. — 35, rue de Lorraine, Saint-Germain-en-Laye.

2607 Portrait de Mme P... (fusain).
*2608 Panneau aquarelles.

*2609 Aquarelle.
*2610 Dessin.
*2611 Paysage.
*2612 Tête (étude).

JANSSAUD (Mathurin), né à Manosque (Basses-Alpes. — 9, impasse de l'Astrolabe, Paris.

*2613 Intérieur breton.
*2614 Sur les quais, soir orageux (Concarneau).
*2615 Retour de pêche, port Nord (Concarneau).
*2616 Lever de lune (Concarneau).
*2617 Un soir au Pardon de Sainte-Anne-la-Palue.
*2618 La fontaine de Lanriec, matinée (Concarneau).

JASIENSKI (Michel), né à Saint-Pétersbourg. — 9, rue Campagne-Première, Paris.

*2619 La confidence.
*2620 La Fille.
*2621 La Salomé.
*2622 L'Amour.
*2623 La Mort.

JAT-BELLE-ISLE (Paul), né à La Chapelle-Vendômoise (Loir-et-Cher). — 148, rue de Grenelle, Paris.

 *2624 Ker Durand, environs de La Baule (Loire-Inférieure).
 *2625 Le lever du soleil, environs de La Baule (Loire-Inférieure).
 *2626 Le Pouliguen (Loire-Inférieure).
 *2627 En Bretagne.
 *2628 Le Pont Alexandre III (Paris).
 *2629 L'arc de triomphe du Carrousel (Paris).

JAULMES (Gustave-Louis) (Français). — 20, boulevard d'Inkermann, Neuilly-sur-Seine.

 *2630 Les tonnelles.
 *2631 Le bain.
 *2632 Portrait.
 *2633 Automne (esquisse).
 *2634 La sieste.
 *2635 La Roseraie.

JEANNE-DENISE (Mlle), née à Paris. — 48, rue Pergolèse, Paris.

 *2636 Tête de cheval.
 *2637 Deux frères.
 *2638 Maison au soleil.
 *2639 Tête.

JELKA-ROSEN (Mlle), née à Belgrade (Serbie). — Grez-sur-Loing (Seine-et-Marne).

*2640 Après-midi au jardin.
*2641 Mère et bébé.
*2642 Enfants danois.
*2643 Mère et bébé (profil).
*2644 Eté.

JOBERT (Fernand), né à Paris. — 11, rue de Douai, Paris.

2645 Côte de Sanary (dessin).
2646 Golfe de Bandol (dessin).
2647 Corniche.
*2648 Pins (eau-forte).
*2649 Pins (eau-forte).
*2650 Les six fours (eau-forte).

JOHNSON (F.-Morton), né à Boston. — 42, rue Descartes, Paris.

*2651 Nature morte.
*2652 Femme en écriture.
*2653 Vieille femme.
*2654 Petit déjeuner.
*2655 Neige.
*2656 Déjeuner.

JOLLY (André), né à Charleville (Ardennes). — Kerdavid, par Nevez (Finistère).

 *2657 Neige en Bretagne.
 *2658 Le Méandre (décoration de porte).
 *2659 Les lis.
 *2660 Glaïeuls et giraumon.
 *2661 La ravaudeuse.

JOLY (Henri), né à Hirson (Aisne). — 4, rue Chalgrin, Paris.

 2662 Maisons à Bréhat.
 2663 La baie de Paimpol.
 2664 Rochers à Bréhat.
 2665 Le Port-Clos (île Bréhat).
 2666 Nature morte.

JONG (Mme Betty de), née à Paris. — 5, rue Rude, Paris.

 *2667 Etude (femme et enfant).
 *2668 Fillette à la poupée.
 *2669 Les joujoux.
 *2670 Poupées japonaises.
 *2671 Etude.

JONIO (Henri), né à Paris. — 4 bis, rue Davy, Paris.

*2672 Grand-mère se fâche (genre).
*2673 Le grand frère qui fume (genre).
*2674 Menace d'orage (paysage).
*2675 Impression printanière (paysage).
*2676 La sieste interrompue (genre).
*2677 Impression d'automne. (paysage).

JONVAL (Fernand), né à Paris. — 10 bis, rue de la Passerelle, Sevran (Seine-et-Oise).

*2678 Maison du pauvre.
*2679 Fleurs.

JOSEPH (Albert), né à Paris. — Avenue de la Gare, à Moret (Seine-et-Marne).

*2680 Les roches (marée basse).
*2681 Le port.
*2682 Nature morte.
*2683 Jardin sur le port (temps gris).
*2684 Neige.
*2685 Vieilles maisons.

JOUBERT (Henri-André), né à Paris. — 40, rue du Château-d'Eau, Paris.

*2686 Le sente (matinée de juillet).
*2687 Narcisses (nature morte).

2688   Etude de figure.
2689   Portrait de Mme P... (sculpture).
2690   Portrait d'enfant (sculpture).

JOUHAUD (Léon), né à Limoges. — Rue Georges-Bonin, Limoges (Haute-Vienne).

2692   Vitrine contenant 21 émaux peints.
*2693 Matinée des septembre sur la Dordogne (pastel).
*2694 La Dordogne à Argentat (pastel).
*2695 La Dordogne au Chambon, près d'Argentat (pastel).
*2696 Argentat vu de la côte rousse (pastel).

JOURDAIN (Francis), né à Paris. — 7, avenue Céline, Neuilly-sur-Seine.

2697   Baigneuses.
2698   Nature morte.   } Appartiennent à la
2699   Etude décorative.   } galerie Druet, 20,
2700   Le divan   } rue Royale.
2701   Etude.
2702   Etude.

JOURDAIN (Maurice), né à Songny (Orne). — 130, boulevard de Strasbourg, Boulogne-sur-Seine.

*2703 Bayonne (vue sur la Nive).
*2704 Sur la Nive (environs de Bayonne).

*2705 Biarritz (rocher de Bastre).
*2706 Jeune Japonaise de Paris (fusain).

JOURDAIN-LEMOINE (André), né à Paris. — 16, rue d'Alembert, Paris.

*2707 Les harengs.
*2708 Les œillets.
*2709 Le pommier.
*2710 Bords de la Grenne (soleil).
*2711 Bords de la Grenne (temps gris).
*2712 Le sentier.

JOURET (Max-Pierre), né à Toulouse. — 6, rue de Brosse, Paris.

2713 Une vitrine contenant plusieurs statuettes de terre cuite.

JOUSSET (Léon-Charles), né à Montereau (Seine-et-Marne). — 29, rue de l'Echiquier, Paris.

*2714 Le coin aux dahlias.
*2715 A l'ombre des fleurs et des arbres.
*2716 L'Orvanne près de Voulx (E.-et-M.).
*2717 Dahlias et clocher.
*2718 Le vase de chrysanthèmes.
*2719 Plage de Beig-Meil.

JULIARD (Jean), né à Paris. — 84, rue Lauriston, Paris.

*2720 Chaumière bretonne.
2721 Soleil couchant.
*2722 Soleil couchant.
*2723 Ferme bretonne.
*2724 Maisons au soleil.
*2725 Bords de rivière.

KALKUS (André), né en Russie. — 18, impasse du Maine, Paris.

*2726 Effet d'hiver.
*2727 Sur le bord de la mer.
*2728 La neige.
*2729 La mer.
*2730 Mur d'ancien.
*2731 Vers le soir.

KANTCHALOVSKY (Pierre), né à Moscou. — 6, rue Vavin, Paris.

*2732 Portrait.
*2733 Automne russe.
*2734 Hiver russe.
*2735 Portrait d'enfant.
*2736 Etude.
*2737 Etude.

KASPEROVITCH (Nicolas), né à Tchernigoff (Oukraïne). — 9, rue Campagne-Première, Paris.

*2738 Un architecte.
*2739 Etude.
*2740 Une écrivante.
*2741 La gardeuse d'oies.
*2742 Portrait d'homme.
*2743 Dessins.

KATOW (Mme Berthe de), née à Paris. — 110, boulevard Malesherbes, Paris.

*2744 Sois sage, poupée.
*2745 Le père Mathieu.
*2746 Clair Ruissel.
*2747 Méditation.

KAUFFMANN (Th.). — 79, rue de Dunkerque, Paris.

*2748 Le désert.
*2749 Marine.
*2750 Marine.

KERDONIS (André de). — 26, route de Rouen, Saumur (Maine-et-Loire).

*2751 A Belle-Ile.
*2752 A Belle-Ile.

*2753 A Belle-Ile.
*2754 Plaine.
*2755 Effet d'orage.

KERINGER (Albert), né à Mulhouse. — 37, rue Renaise, Laval (Mayenne).

*2756 Vieux ormes à Lancieux (C.-du-N.).
*2757 Rochers de Lancieux à marée basse.
*2758 Chataigneraie, près Laval.
*2759 Vues de Lancieux (C.-du-N.).

KERN (Jean), né en Suisse. — 22, rue de Tourlaque, Paris.

*2760 Tailleurs de pierres.
*2761 Paysage.
*2762 Paysage.

KIRSTEIN (Alfred), né en Allemagne. — Villa des Orangers, Alger, et 73, rue Notre-Dame-des-Champs, Paris.

*2763 Paysage.
*2764 Paysage.
*2765 Paysage.
*2766 Paysage.
*2767 Paysage.
*2768 Paysage.

KISSLING (Eugène), né à Châtenois (Alsace). — 8, rue Marie-et-Louise, Paris.

 *2769 Le canal du Nivernais près d'Escolives (Yonne).
 *2770 L'Yonne, près d'Escolives (soir d'été.)
 *2771 Coin de l'Orge près de Juvisy (début du printemps).
 *2772 Le Mort-Rû, à Juvisy (matinée d'au-d'automne).
 2773 Bords de l'Orge, près Juvisy (matin de janvier).
 2774 Le vent dans les saules.

KLEE (Mlle Marguerite), née à Paris. — 27, rue Jasmin, Paris.

 *2775 Bibelots japonais.
 *2776 La maison rose.
 *2777 La porte verte.
 *2778 Automne.

KLEIN (Mlle Jeanne), née à Limoges (Haute-Vienne). — 12, rue d'Antony, Limoges.

 *2779 Nature morte.
 *2780 Fleurs (azalées).
 *2781 Bateaux.
 *2782 Bateaux.
 *2783 Bateaux.
 *2784 Bateaux.

KLEINMANN (Mlle Alice-Adèle), née à Paris. — 57, rue Caulaincourt, Paris.

 *2785 La Frette-Montigny.
 *2786 Orage (La Frette).
 *2787 Bords de la Seine au Pecq.
 *2788 La vieille église de la Frette.
 *2789 Petite fille à la poupée.
 *2790 Intimité.

KLINGSOR (Tristan). — 33, rue d'Alésia, Paris.

 *2791 Le livre d'images.
 *2792 Mandole chinoise.
 *2793 Cornemuse.
 *2794 Œillets.
 *2795 Etude à la chandelle.
 *2796 Mon portrait.

KOELLIKER (Oscar), né à Neufchâtel. — 57, rue J.-J.-Rousseau, Asnières (Seine).

 *2797 Crépuscule.
 *2798 Fin de jour.
 *2799 Route (Bretagne).
 *2800 Paysage.
 *2801 Effet de soir (Courbevoie).
 *2802 Soir.

KOLOVRAT (Mlle Nadina), née à Saint-Pétersbourg. — 52, avenue des Gobelins, Paris.

*2803 Récolte de lis maritimes.

KOORT (Jaan), né à Dorpat (Esthonie). — 2, passage de Dantzig, Paris.

*2804 Nature morte.
*2805 Nature morte.
*2806 Paysage.
*2807 Nature morte.
*2808 Nature morte.
*2809 Nature morte.

KOPP (Mlle Emma), née à Francfort-sur-Mein. — Chez M. Foinet, 21, rue Bréa, Paris.

2810 Portrait (esquisse), (appartient à miss H...).
2811 Portrait (esquisse) (appartient à Mme de E...).
*2812 Nature morte.
*2813 Intérieur flamand.
*2814 Nature morte.
*2815 Nature morte.

KORNAI (Joseph), né à Budapest (Hongrie). — 1, passage de l'Elysée-des-Beaux-Arts, Paris.

*2816 Portrait de Mme Kozma.
*2817 Portrait de Mlle Bauer.

*2818 Intérieur (le matin).
*2819 Le matin.
*2820 Croquis.
*2821 Croquis.

KOROCHANSKY (Michel), né à Odessa (Russie). — Montigny-sur-Loing (Seine-et-Marne).

*2822 Le moulin de Montigny-sur-Loing.
*2823 Un coin de Sorques (S.-et-M.).
*2824 Un coin du Luat (S.-et-M.).
*2825 Clairière.
*2826 Bruyères (effet du soir).
*2827 Entrée de village.

KOUSNETZOFF (Constantin), né en Russie. — 147, boulevard du Montparnasse, Paris.

*2828 Paysage.
*2829 Paysage.
*2830 Paysage.
*2831 Paysage.
*2832 Esquisse pour décoration.

KOUSNETSOFF (Nicolas), née à Moscou (Russie). — 18, rue Philibert-Lucot, Paris.

*2834 Episode de la bataille de Yalou.
2835 Portrait (pastel).
2836 Titus près de Jérusalem (esquisse).

KOZIEROWSKI (Maurice), né à Paris. — 41, boulevard Saint-Jacques, Paris.

*2837 Corbeaux et pies.
*2838 L'inondation (Maisons-Alfort).
*2839 Lapins.
*2840 Panier de pommes.
*2841 Lilas.

KRASZEWSKA (Mlle Stanislas-Marie), née à Varsovie (Pologne). — 33, rue Bayen, Paris.

2842 Portrait.
*2843 Anatolia Capece Montaga.
*2844 Nimphéas.
*2845 Etude.
*2846 Alger.
*2847 Alger.

KRIEG (Mlle Elly), née à Sagan (Allemagne). — 13 bis, rue Campagne-Première, Paris.

*2848 Intérieur.
*2849 Nature morte.
*2850 Le jardin du Luxembourg.
*2851 Le jardin du Luxembourg.
*2852 Le jardin du Luxembourg.
*2853 La plage de Fontarabie.

KROUGLICOFF (Mlle Elisabeth), née à Saint-Pétersbourg. — 17, rue Boissonade, Paris.

*2854 Paysage russe.
*2855 Village en Russie.
*2856 Fleurs.
*2857 Vue de ma fenêtre à Moscou (aquatinte).
*2858 Les bouleaux.
*2859 Portrait de M. M... (vernis mou).

KUHN (Kurt), né à Dresden (Allemagne). — Chez M. Castelucho-Diana, 16, rue de la Grande-Chaumière, Paris.

*2860 Mon voisin.
*2861 Portrait.
*2862 Jeune femme dans un jardin.
*2863 Nature morte.
*2864 Le mont Baron (Nice).
*2865 Portrait.

LACHANT (Gabriel), né à Paris. — 3, passage Sabra, et 59, rue Gambetta, Malakoff (Seine).

*2866 Pivoines.
*2867 Roses.

LACHAT (Louis-François), né à Paris. — 21, quai de Bourbon, Paris.

*2868 Les meules.
*2869 Prairie en été.
*2870 Inondation à Argenteuil.
*2871 Le marais (Argenteuil).
*2872 La vieille église (St-Wist).
*2873 Le haut de la côte (Montfermeil.)

LACOSTE (Charles), né à Floirac (Gironde). — 35, boulevard Pasteur, Paris.

*2874 Automne.
*2875 Soleil.
*2876 Tulipes.
*2877 Sous bois.
*2878 Citrons et poterie kabyle.
*2879 Bords du Doubs.

LADAME (Pierre-Gabriel-Henri), né à La Rochefoucauld. — 41, boulevard Saint-Jacques, Paris.

2880 Portrait de M. V...
*2881 Soleil d'automne dans un parc.
*2882 Matin sous bois.
*2883 Soir dans un vieux jardin.
*2884 Coin de parc.

LAFABRÈGUE (Mlle Berthe), née à Paris. — 8, rue Leneveux, Paris.

    2885 Rutilante (pastel).
    2886 Heureuse impression (pastel).
    2887 Fleurs (pastel).
    2888 Paysage.

LAFABRÈGUE (Mlle Marie-Louise), née à Paris. — 8, rue Leneveux, Paris.

    2889 Chrysanthèmes (aquarelle).
    2890 Vitrine :
            Cuir peint.
            Gouache.
            Eventail.
            Velours pyrogravé.

LAFORET (Tony), né à Florence. — 114, rue de Vaugirard, Paris.

    ***2891** Le Brevent (Chamonix).
    ***2892** L'Aiguille verte au couchant (Chamonix).
    2893 Rochers du Trayas (Esterel) A. M. (appartient à M. le doct. Wintrebert.)
    2894 Bœufs de la campagne romaine (appartient à M. Jallot).
    ***2895** Crépuscule sur le golfe Juan (A. M.).
    2896 Vitrine avec bronzes.

LAFONT (Emile), né à Paris. — 46, rue du Ranelagh, Paris.

*2897 Buguelez et les îles d'Illice.
*2898 La neige avenue de Wagram.
*2899 Lever de lune à Illice.
*2900 La place Pereire (pluie).
*2901 Notre-Dame-de-Paris.
*2902 La sortie de Paris (porte d'Asnières).

LAFORGE (Lucien), né à Paris. — 59, rue Condorcet, Paris.

2903 Rhapsodies françoises.
2904 Rhapsodies françoises.

LAHALLE (Pierre), né à Orléans. — 25, rue Sarrette, Paris.

*2905 Bruges, Eglise Sainte-Walburge (aquarelle).
*2906 Bruges, Le quai du Miroir (aquarelle).
*2907 Bruges, Le grand Canal (aquarelle).
*2908 Bruges, Le port (aquarelle).
*2909 Bruges, Le quai vert (aquarelle).
2910 Bruges, Une maison au soleil (aquarelle).

LAHAYE (François-Etienne), né à Combs-la-Ville (Seine-et-Marne). — Villa Le Verseau, Combs-la-Ville (S.et-M.) et 198, boulevard Saint-Germain, Paris.

*2911 Etudes à l'aquarelle.
*2912 Dessin aux crayons de couleurs.
*2913 Dessin aux crayons de couleurs.
*2914 Dessin aux crayons de couleurs.
*2915 Dessin aux crayons de couleurs.
*2916 Dessin aux crayons de couleurs.

LA HOUGUE (Jean de), né à Avranches (Manche). — 105, rue Notre-Dame-des-Champs, Paris.

*2917 La chambre rose.
*2918 Intérieur de salon.
*2919 Intérieur.
*2920 Intérieur.
*2921 Intérieur.

LALLEMAND (Léon), né à Moyeuvre (Lorraine). — 131, rue Lafayette, Paris.

*2922 Vieilles chaumières en Bretagne.
*2923 Le côte sauvage en Bretagne.
*2924 Chemin creux en Bretagne.
*2925 Chemin sous bois.
*2926 Route de la ferme.

LAMBAYR-DES MAZERY, né à Paris. — 33, rue Bayen, Paris.

*2927 Marine.
*2928 Marine
*2929 Marine.
*2930 Au pays basque.
*2931 Au pays basque.
*2932 Au pays basque.

LAMOTHE (Géo), né à Paris. — 4, rue de Tocqueville, Paris.

*2933 Dans la baie de Douarnenez.
*2934 Tréboul.
*2935 Lavoir breton.
*2936 Moussaillon.
*2937 Etude.
*2938 Côte bretonne.

LAMPUÉ (Pierre), né à Montréjeau (Haute-Garonne). — 72, boulevard de Port-Royal, Paris.

*2939 Chemin couvert à Landévennec (Finistère).
*2940 Eglise de Landévennec.
*2941 La Chalouette à la ferme de l'entonnoir à Chalo, près d'Etampes.
*2942 Les trois chemins de la ferme d'Ezeau près d'Etampes.

— 203 —

*2943. Le pont de Mal Sanson, à Chalo, près d'Etampes.
*2944 La prairie de Chantepie à Chalo.

LANTOINE (Fernand), né à Maretz (France). — 61, avenue Bel-Air, Uccle-Bruxelles.

*2945 Matin au bois.
*2946 La terrasse.
*2947 Paysage mosan.
*2948 Les genêts.
*2949 Terrasse à Valdemosa.
*2950 La Meuse à Rouillon.

LAPORTE (Victor), né à Paris. — 144, rue Lecourbe, Paris.

*2951 Nature morte.
*2952 Nature morte.
*2953 Bord de Seine.
*2954 Bord de Seine.
*2955 Marine.

LAPRADE (Pierre), né à Narbonne. — 14, rue Mayet, Paris.

2956 Nature morte (appartient à M. Druet).
2957 Aquarelle (appartient à M. Druet).
2958 Aquarelle (appartient à M. Druet).

LARIVIÈRE (Pierre), né à Paris. — 3, rue Charles-V, Paris.

*2959 Portrait de César Prenant.
2960 Portrait de J. Duchêne (conseiller prud'homme).
*2961 Portrait d'Elisée Reclus (Lavis).
*2962 Le quai des Célestins et le pont Marie pendant l'inondation (pastel).
*2963 Nature morte (étude).
*2964 Soleil couchant à la Varenne-Chenevières.

LARRAMET (Hilaire), né à Montech (Tarn-et-Garonne). — 35, rue des Abbesses, Paris.

*2965 La mer à Boulogne.
*2966 Biarritz (le rocher de la Vierge).
*2967 La mer à Guetaria (Espagne).
*2968 Coin d'étang dans les Landes.
*2969 Coucher de soleil sur l'Adour.
*2970 La calle Pampinot à Fuenterrabia (Espagne).

LARUSSEZ (Henri), né à Lyon. — 11, quai d'Anjou, Paris.

*2971 Trois bougies.
*2972 Corbeille de fruits.

*2973 Compotier de fruits.
*2974 Pot de bégonias.
*2975 Fleurs.
*2976 Fleurs.

LASSIEUR (Mme Berthe), née à Genève (Suisse). — Mme B. Sandoz-Lassieur, Cartigny, par Genève.

*2977 Le potager.
*2978 Le calvaire.
*2979 Champ fleuri (pommes de terre).

LATOMBE-ENGUIABLE (Mme), née à Laguépie. — 46, rue Damrémont, Paris.

2980 Portrait de Mme S... (pastel).
2981 Portrait de Mme D... (pastel).
*2982 Les gerbes.
*2983 Intérieur.
*2984 Nature morte.

LA TOUR (Tristan de), né à l'Ile Maurice. — 16, rue Cortambert, Paris.

*2985 Sous bois (n° VI).
*2986 Sous bois (n° VII).

LAURENCIN (Mlle Marie), née à Paris. — 32, rue Lafontaine, Paris.

    *2987 Nature morte.
    *2988 La toilette.
    *2989 Etude.

LAUVRAY (Abel), né à Rennes. — 10, avenue Bosquet, Paris.

    *2990 Paysage à Vetheuil.
    *2991 Peupliers à Vetheuil.

LAVERRIÈRE (Noël), né à Paris. — 62, rue Truffaut, Paris.

    *2992 Etude.
    *2993 Portrait.
    2994 Œillets (appartient à M. P. P...).
    *2995 Liseuse.
    *2996 Les géraniums.

LAWSON (Cecil C. P.), né à Londres. — 2, rue Cassini, Paris.

    *2997 Esquisse.
    *2998 Combat naval.
    *2999 Le pont.

*3000 Quai des Grands-Augustins (janvier 1910.
*3001 « On ne passe pas » (Paris janvier 1910.
*3002 Orford.

LAXINE (David), né en Russie. — 14, rue Littré, Paris.

*3003 Les lutteurs (esquisse).
*3004 Petite fille (étude).
*3005 Tête.
*3006 Femme couchée.
*3007 Un cadre de dessins.
*3008 Tête d'enfant (buste plâtre).

LE BAIL (Louis), Français. — La Feuillée à Fin-d'Oise, par Conflans-Sainte-Honorine (Seine-et-Oise).

*3009 Groupe de femmes arrachant des pommes de terre (dessin).
*3010 Groupe de bineuses de pommes de terre (dessin).
*3011 Ombres et lumières (effet du soir).
*3012 Baraques de mariniers sur les bords de l'Oise.
*3013 Paysage hollandais.

LEBASQUE (Henri), né à Champigné (Maine-et-Loire. — 15, avenue Perrichont, Paris.

*3014 Poissons.
*3015 Paysage.
*3016 Enfants mangeant des fruits.
*3017 Liseuse (appartient à M. P. G.).
*3018 Paysage d'été.

LE BEAU (Alcide), né à Lorient. — 151 bis, rue de Grenelle (cité Négrier), Paris.

*3019 Paysage de Sicile.
*3020 Paysage corse.
*3021 Paysage breton.
*3022 Paysage breton.
*3023 Paysage breton.

LEBEL (Gustave), né à Paris. — 81, avenue de Villiers, Paris.

*3024 Les rhododendrons.
*3025 Village de montagne.
*3026 Temps gris à la montagne.
*3027 Un chêne.
*3028 Automne.

LECOURT (Raymond), né au Havre. — Fontaine-la-Mallet, par Montvilliers (Seine-Inférieure).

*3029 Cheval noir.
*3030 Labourage.

*3031 Chevaux à l'écurie.
*3032 Tête de cheval.

LÉCOYER (Hector), né à Anor (Nord). — Hirson (Aisne).

*3033 Derniers rayons.
*3034 Masures sous la neige.
*3035 Effet de dégel.
*3036 Meules par la neige.

LECREUX (Gaston), né à Paris. — 19, rue de Vintimille, Paris.

*3037 Tulipes jaunes.
*3038 Iris.
*3039 Reines-marguerite
*3040 Par la neige.

LEDOGARD (Georges), né à Jouy-le-Moutier (S.-et-O.). — 2, place de la Gare, Pontoise, et 43, rue Laffitte, Paris, chez M. Camentron.

*3043 Aiguille de Varens et la Tête noire, Les Contamines (Haute-Savoie).
*3044 Aiguille de la Roselette, Les Contamines (Haute-Savoie).
*3045 Fin de journée.
*3046 Chemin sous bois.

LE FAUCONNIER, né à Hesdin (Pas-de-Calais. — 19, rue Visconti, Paris.

   ***3047** Le ravin.
   ***3048** Village dans les rochers.
   ***3049** Femme à l'éventail.
   3050 Portrait de Mlle Maroussia, peintre russe.

LEFÈBRE (Wilhelm), né à Francfort-sur-le-Mein. — 30, boulevard Bourdon, Neuilly-sur-Seine.

   ***3051** Dans les branches.

LEFEBVRE (Joseph), né à Saint-Pierre-en-Port. — Villa Marie, Saint-Pierre-en-Port (Seine-Inférieure).

   ***3052** Une rue à Saint-Pierre-en-Port.
   ***3033** Coin d'église (neige).
   ***3054** La vieille grange (effet de lune).
   ***3055** Paysage.
   ***3056** Effet de neige.
   ***3057** Lever de lune

LEGEARD (Gustave), né à Paris. — 58, avenue de Paris, Versailles (Seine-et-Oise).

   ***3058** Maison pyrénéenne à Saint-Pé (Hautes-Pyrénées).
   ***3059** Vieux saule de Ville-d'Avray.

3060 Portrait de M. L. V... (appartient à M. L. V...)
*3061 Etang de Saint-Quentin.
*3062 Légumes.
*3063 Le lac du Bourget et la Dent-du-Chat (Aix-les-Bains).

LÉGER (Fernand), né à Argentan. — 2, passage de Dantzig, Paris.

3064 Femme couchée.
3065 Etude.
3066 Nature morte.
3067 Nature morte.
3068 Etude.

LEGRAND (Mlle Juliette), née à Vassy (Calvados). — Vassy (Calvados), et 14, rue Mouton-Duvernet, Paris.

*3069 Bouquet et crevettes grises.
*3070 Chrysanthèmes.
*3071 Crevettes et moules.
*3072 Les boutons d'or.

LEHMANN (Jacques), né à Paris. — 3, rue Nicolo, Paris.

*3073 Bien-être (chat).
*3074 Grille-d'Egout (chat).

*3075 Le réveil (chat).
*3076 Le guet (chat).
*3077 «Puce» (chat siamois).
*3078 Doux repos (chats).

LEHMANN (Léon), né à Altkirch (Alsace). — 16, passage de Tivoli, Paris.

*3079 Paysage.
*3080 Paysage.
*3081 Nature morte.
*3082 Nature morte.
*3083 Nature morte.
*3084 Nature morte.

LEJEUNE (Henri), né à Saint-Ouen (Seine). — 21, rue Fontaine-Saint-Georges, Paris.

*3085 Rochers de la mer sauvage (Quiberon).
*3086 Port Bara (presqu'île de Quiberon).
*3087 Saut des Cuves (environs de Gérardmer, Vosges).
*3088 Soleil couchant, vallée de Lauterbrunnen (Suisse).
*3089 La Jungfrau et la petite Scheldegg.
*3090 La Jungfrau, vue de Münen (Suisse).

LE LIEPVRE (Jehan), né à Valenciennes (Nord). — 59, avenue de Saxe, Paris.

*3091 L'Anglin (Poitou) (pastel).
*3092 Bras de Loire (Touraine) (pastel).

*3093 Groupe de chênes (Poitou (pastel).
*3094 Bord de Loire (Touraine) (pastel).
*3095 Bras de Loire (Touraine) pastel).
*3096 L'Anglin, vu du plateau (Poitou) (pastel).

LEMAIRE (Charles-Louis), né à Ancy-le-Franc (Yonne). — Elancourt (Seine-et-Oise).

*3097 Pointe de Quiberon au crépuscule.
*3098 Baie de Quiberon, roches sur la grève (lever de lune).
*3099 Côte normande (soir d'octobre).
*3100 Côte normande (soleil couchant).

LEMOIGNE (Mlle Mathilde), née à Paris. — 12, rue de l'Abbaye, Paris.

*3101 Petite fille lisant.
*3102 Effet de lampe.
*3103 Rue de la Parcheminerie (Paris).
*3104 Avant l'orage (pont de Grenelle).
*3105 Coin du Luxembourg.
*3106 Etude à Cluny.

LEMONNIER (Robert), né à Paris. — 2 bis, square du Croisic, Paris.

*3107 La rue de la Hafsia (Tunis).
*3108 Une épicerie arabe (Tunis).

*3109 Un coin de Souk (Tunis).
*3200 Le village de Mélassine (environs de Tunis).
*3201 Le pont du moulin à Hulay (S.-et-M.).
*3202 La plage à marée basse, Villers (Calvados).

LENOIR (Marcel), né à Montauban. — 7, villa Brune, Paris.

*3203 Le Bénédicté.
3204 Portrait de M. C...
3205 Portrait du sculpteur J. Bernard.
*3206 Le manège.
*3207 Le marchand d'étoffe.
*3208 Le jardin public.

LENOIR (Mlle Suzanne), née à Paris. — 19, rue de Médicis, Paris.

3209 Le livre d'heures.
*3210 Etude.
*3211 Sapins.

LE PETIT (Alfred), né à Aumale (Seine-Inférieure). — **Sociétaire décédé (1841-1809).**

3212 Intérieur de grenier.
3213 Intérieur d'église.
3214 Vieille femme.
3215 Crapaud martyr.
3216 Etudes de crapauds.
3217 L'arbre déraciné.
3218 M. Jean-Baptiste Picard.
3219 Les tueurs de cochons.
3220 Intérieur de forge.
3221 L'agonie. La mouche.
3222 Crapaud et cerf-volant.
3223 Le singe malade.
3224 Tête de vieux verrier.
3225 Cour de petite ferme normande.
3226 Tête de vieille alcoolique normande.
3227 La cheminée.
3228 Etudes de jeunes moineaux.
3229 Etude de condor.
3230 Un mendiant.
3231 Etude de lions.
3232 Le crapaud et sa femelle.

LE PETIT (A.-M.), né à Fallencourt (Seine-Inférieure). — 37, rue Lamarck, Paris, et 145, rue de La Fère, Saint-Quentin.

*3233 L'inondation à Levallois-Perret.
*3234 Rouen.
*3235 Bords de Seine.
*3236 La Seine à l'île Saint-Louis (brouillard).
*3237 Bords de Marne.
*3238 L'île Saint-Louis.

LÉPINE (Joseph), né à Rochefort-sur-Mer. — 203, boulevard Raspail, Paris.

*3239 La petite ville sur l'eau (Corrèze).
*3240 Place de village (Corrèze).
*3241 Eglise au soleil couchant (Finistère).
*3242 Ruines sur la mer (Finistère).

LEPREUX (Albert), né à Meaux. — Monthyon (Seine-et-Marne).

*3243 Coucher de soleil (Monthyon).
*3244 Pont du Marché (Meaux).
*3245 La Platrière (Monthyon).
*3246 Le marché à Biskra.
*3247 Rue de l'Arc (Constantine).

LERE (Léon), né à Paris. — 27, rue du Mail, Paris.

 3248 Petit bras de la Seine (Maisons-Laffitte).
 3249 Forêt de Saint-Germain, à Mesnil-le-Roi.
 3250 Piles de l'ancien moulin (Maisons-Laffitte).

LESCAFFETTE (Charles), né à Réchésy (Haut-Rhin). — 45, rue de Bagneux, Montrouge (Seine).

 *3251 Le matin aux bords du Doubs.
 *3252 Le matin sur le Sichon, à Vichy (Allier).
 *3253 Effet rouge sur un cuivre jaune.
 *3254 Un verre de vin.
 *3255 Un verre d'eau.
 *3256 Les effets d'une timballe argentée et dorée.

LE SERREC DE KERVILY (George), né en Russie. — 33, boulevard des Invalides, Paris.

 *3257 San Giminiano.
 *3258 Le cloitre.
 *3259 Jeune femme.
 *3260 Petit mousse.
 *3261 Petite fille.
 *3262 Adrienne.

LE THIMONNIER (Paul), né à Paris. — 17, avenue des Maronniers, Asnières (Seine).

    3263 Portrait de M. G. P...
    3264 Jeanne d'Arc.

LEUDET (Jacques-Théodore), né à Paris. — 128, avenue de Villiers, Paris.

    *3265 La Dives à Cabourg.
    *3266 Marché de Trouville.
    *3267 Falaise à Douarnenez.
    *3268 Les Roches Noires.
    *3269 Etude (Douarnenez).

LEVERD (René), né à Hesdin (Pas-de-Calais). — 71, rue de Buffon, Paris.

    *3270 Le calvaire (P.-de-C.) (aquarelle).
    *3271 Les remparts d'Avignon (aquarelle).
    *3272 La fosse aux ours (Muséum) (aquarelle)
    *3273 En Provence (aquarelle).
    *3274 Au pied du Ventoux (aquarelle).
    *3275 Automne (étude au Muséum (aquarelle)

LEVIER (Adolphe), né à Trieste. — 83, boulevard du Montparnasse, Paris.

    *3276 Portrait de Mlle Loulou.
    *3277 Marine (aquarelle).

*3278 Marine (aquarelle).
*3279 Marine (aquarelle).
*3280 Paysage (aquarelle).

LEWAKOWSKA (Jeanne), née à Cracovie. — 9, rue Campagne-Première, Paris.

3281 Etude.
3282 Une tête.

LEWITSKA (Mlle Sophie), née en Pologne. — 11, rue de Sèvres, Paris.

*3283 Paysage (arbres).
*3284 Paysage (montagne).
*3295 Paysage (petite place bretonne).
*3286 Nature morte.
*3287 Esquisse.
*3288 La chimère.

LHEOD (Jean), né à Paris. — 30, avenue Malakoff, Paris.

*3289 Vannier en Normandie.
*3290 Tête de femme (pastel).
*3291 Jeune Lorraine (pastel).
*3292 Lecture (pastel).
*3293 Miarka (pastel).

LHOTE (André), né à Bordeaux. — 20, rue Monneyra, Bordeaux.

   *3294 Visages devant le calvaire.
   *3295 Jeux au printemps.
   3296 Portrait de ma femme.
   3297 Portrait de Mme J. R...
   *3298 Entrée de forêt.
   *3299 Sous bois:

LIKHATCHOF (Nicolas), né en Russie. — 18, rue de Grenelle, Paris.

   *3300 Paysage (nord de la Russie).
   *3301 Saison dorée (nord de la Russie).

LISMANN (Hermann), né à Munich (Allemagne). — 17, rue Froidevaux, Paris.

   *3302 Le châle rouge.
   *3303 Portrait d'enfant.
   *3304 Nature morte.
   *3305 Bouquet de fleurs.
   *3306 Femme nue au soleil.
   *3307 Idylle.

LISSAC (Pierre), né à Limoges (Haute-Vienne). — 13, rue Paul-Féval, Paris.

   *3308 L'été.
   *3309 L'église de Saint-Junien (Haute-Vienne) temps gris.

*3310 L'église de Saint-Junien (soleil).
*3311 Etude de femme dormant.
*3312 Matin sur la Vienne.

LIZAL (Alex), né à Dax (Landes). — 3, rue de Plaisance, Paris.

*3313 Le gros nuage (côte d'argent).
*3314 La route (côte d'argent).
3315 Soir d'orage (côte d'argent.)

LOMBARD (Alfred), né à Marseille. — 16, rue Breteuil, Marseille.

3316 La brune et la blonde.
3317 Portrait.
3318 L'attente.
3319 Cygnes, canards et reflets.
3320 Jeunes femmes au voile.
3321 Nature morte.

LOMBOIS (Mlle Marguerite), née à Le Quesnoy. — Le Quesnoy (Nord).

Dans l'Esterelle :

*3322 Camplong (vers le soir).
*3323 Camplong (effet de soleil).

*3324 La tour de l'île d'or.
*3325 Calanque de la Baumette.
*3326 Rocher du bec d'aigle.

LOTIRON (Robert), né à Paris. — 41, rue Bayen, Paris.

*3327 Musique.
*3328 Paysage.

LOUIS-MION, né à Lyon. — 20 bis, rue Gravel, Levallois-Perret, et Valence (Drôme).

*3329 Tournant de rivière.
*3330 Maison au soleil.
*3331 L'île d'or.
*3332 Matin.
*3333 Cagnard.
*3334 Dans le Midi.

LOUSCHNIKOW (Alexandre), né à Kiakhta (Sibérie). — 17, avenue Trudaine, Paris.

*3335 Nu (étude).
*3336 Nu (étude).
*3337 Soir (Espagne).
*3338 Santa-Cruz (Espagne).
*3339 Une vue près de Madrid.
*3340 Saint-Sébastien (Espagne).

LOYSEL (Jacques). — 233, faubourg Saint-Honoré, Paris.

*3341 Tête d'étude.
*3342 Statuette (étude).
*3343 Statuette (étude de mouvement de danse).

LUBET (Jean-Paul-Louis), né à Bordeaux. — 106, boulevard du Montparnasse, Paris.

*3344 Panneau décoratif.
*3345 Paysage d'automne.
*3346 Etude de nu.
*3347 Paysage (effet de brouillard).
*3348 Paysage (effet de soleil).
*3349 Paysage (parc de St-Cloud).

LUCE (Maximilien), né à Paris. — 102, rue Boileau, Auteuil.

*3350 Rotterdam (nuit).
*3351 Une sablière (Méréville).
*3352 Fleurs.
*3353 Femme peignant.
*3354 Environs de Rotterdam.
*3355 Frise (Buffalo).

LUDLOW (Mary-Sophia), née en Angleterre. — Monneville (Oise).

*3356 Géraniums rouges.
*3357 Jeune fille et enfant.
*3358 Les sœurs.
*3359 Etude d'enfant.
*3360 Paysage.
*3361 Tête d'enfant.

LUTHMER (Mme Else), née à Francfort-sur-Mein. — Francfort-sur-Mein, Waidmannstr. 49.

*3362 Au bord du Mein.
*3363 Paysage.
*3364 Fleurs.

MAC-CAUSLAND (Mlle Katharine), née à Dublin (Irlande). — Marlotte (Seine-et-Marne).

*3365 Nature morte.
*3366 Jeune Breton.
*3367 Petite Bretonne.

MADELAIN (Gustave), né à Charly (Aisne). — 81, boulevard de la Gare, à Paris.

*3368 Neige au pont de Tolbiac.
*3369 Le quai de la Gare inondé (brume au soleil levant).

*3370 Le port Henri IV pendant l'inondation (temps gris).
*3371 L'Institut et quai Conti (effet d'automne).
*3372 Le port de la Gare (crue du 30 janvier 1910.
*3373 La rue de Rivoli au crépuscule (été 1909).

MADELINE (Paul), né à Paris. — 17, quai Voltaire, Paris.

*3374 La mare.
*3375 Rivière (automne).
*3376 Rivière (printemps).
*3377 Lavoir breton.

MAD (Sicard), né à Paris. — 26, rue de Pontoise, Paris.

3378 Portrait.
*3379 Projet de fontaine.
*3380 Réveil (sculpture).

MAG-LUZO (Mme), née à Marseille. — Villa Les Liserons, Cagnes (Alpes-Maritimes).

*3381 Bêtes de somme.
*3382 Iris du Japon.
*3383 Bibelots japonais.

✳3384 Venise le soir.
✳3385 La Corniche d'or.
✳3386 Matinée de printemps.

MAGLIN (Firmin), né à Paris. — 25, rue d'Yerres, Montgeron (Seine-et-Oise).

✳3387 L'Idole.
✳3388 Music-Hall.
✳3389 Premier chagrin.
✳3390 Sarah Bernhardt dans la *Courtisane de Corinthe*.
✳3391 Sourire à la nuit.
✳3392 Confrontation.

MAGNIER (Charles), né à Paris. — 46, rue du Château-d'Eau, Paris.

✳3393 Coin d'atelier.
✳3394 Clair de lune.
✳3395 Effet de lampe (nature morte).
✳3396 Chrysanthèmes (nature morte).

MAGNUS (Mlle Germaine), née à Paris. — 140, faubourg Poissonnière, Paris.

✳3397 Etude.
✳3398 Etude.
✳3399 Etude.
✳3399 *bis* Etude.

MAHN (Berthold), né à Paris. — 27, rue de Seine, Paris.

    *3400 Tour du Mans (soleil).
    *3401 Tour du Mans (temps gris).
    *3402 Maisons du Mans.
    *3403 La porte rouge.
    *3404 Abbaye de l'Epau.
    *3405 Paysage (fusain).

MAILFAIRE (Louis), né à Paris. — 6, rue Pruvot, Vanves (Seine).

    *3406 Bords de la Seine.
    *3407 Soleil couchant.
    *3408 Effet du matin.
    *3409 Paysage.
    *3410 Paysage.

MAILLOS (André-Jean-Marie), né à Paris. — 12, rue des Saints-Pères, Paris.

    *3411 La Tour de Montlhéry.
    *3412 Un coin du cap Martin.
    *3413 La Cascade de Coux (Savoie).
    *3414 Le pot et les livres (nature morte).

MAINSSIEUX (Lucien). — 23, rue de Lille, Paris.

    *3415 Le Bec de l'Echaillon.
    *3416 Les châtaigniers (sous bois d'automne).

*3417 La route dans les vignes (couchant d'été).
*3418 Soir orageux.
*3419 Coin de route au coucher du soleil.
*3420 Vaste pays, ciel d'automne (un soir pluvieux).

MALÉAS (Constantin), né à Constantinople. — 11, rue Martel, Paris.

*3421 La fête des Morts au Caire.
*3422 Tête de Soudanais.
*3423 Vieilles choses.
*3424 Impression du soir (Constantinople).
*3425 Sainte-Sophie dans le brouillard.
*3426 Effet du matin (Constantinople).

MALLEVILLE (Lucien de), né à Périgueux. — 27, avenue d'Antin, Paris.

*3427 Vieilles maisons à Domme (Dordogne).
*3428 La Seine aux Andelys.
*3429 Coucher de soleil sur la Seine.
*3430 Coucher de soleil sur la Dordogne.
*3431 Brouillard aux Tuileries.
*3432 Bouquet d'ormeaux.

MANCEAU (Paul-Georges), né à Loches (Indre-et-Loire). — 12, rue de Bellechasse, Paris.

*3433 Les arbres de Saint-Julien, marée basse (Le Pouldu).
*3434 Le Pouldu (vu de Sterviline) soleil couchant.
*3435 Le Rhin à Saint-Goar (crépuscule).
*3436 Le Rhin (tournant de la Souris à midi)
*3437 Arbres au bord du Rhin (Saint-Goar).
*3438 Arbres à Chaumussay (Midi).

MANGUIN (Henri), né à Paris. — 7, rue Saint-James, Neuilly-sur-Seine.

3439 Le reflet (appartient à M. E. Boch).
*3440 Tête de femme au turban (appartient à M. Druet).
*3441 Nu (appartient à M. Druet).
*3442 Dessin.

MANUSSON (Mlle Rose), née à Moscou. — 75, rue de Vaugirard, Paris.

*3443 La classe enfantine.
*3444 Une petite école.
*3445 Les trois vieilles de Bruges.
*3446 Paysage.
*3447 Groupe de paysans.
*3448 Intérieur de crèche.

MANZANA-PISSARRO, né à Paris. — 20, rue Choron, Paris.

*3449 Conte d'Orient.
*3450 La vierge et l'enfant.
*3451 La femme aux paons.
*3452 Gardeuse de moutons (pastel).
*3453 Les deux sorcières.

MARC (Max), né à Moscou. — 26, rue Poncelet, Paris.

*3454 Nature morte.

MARCHAISON (Germain), né à Paris. — 34, rue Basfroi, Paris.

3455 Vitrine d'émaux.
3456 Portrait d'enfant
3457 Portrait de Mme Pauline B...
3458 Etude.

MARCHAL (Achille-Gaston), né à Saint-Denis (Seine). — 4, rue du Port, à Thorigny (Seine-et-Marne).

*3459 Paysage.
*3460 Paysage.
*3461 Paysage.

*3462 Paysage.
*3463 Paysage.
*3464 Paysage.

MARCHAND (Jehan), né à Paris. — 14, rue Saint-Louis-en-l'Ile, Paris.

3465 Le départ.
3466 Etude.
3467 Paysage.
3468 Quai Bourbon.
3469 Paysage.
3470 Etude.

MARKS (Claude), né à Londres. — 7, rue Belloni, Paris.

*3471 Barques de pêche (Venise).
*3472 Salute (Venise).
*3473 Une Vénitienne.
*3474 Un canal (Venise).
*3475 Clair de lune (Venise).
*3476 Porte de vieille maison (Bretagne)

MARCOLESCO (Georges), né à Bukarest. — 3, rue Mariotte, Paris.

*3477 Nu.
*3478 Intérieur.
3479 Paysage.

MARE (Ch.-André), né à Argentan (Orne). — 3, rue Vercingétorix, Paris.

*3480 Pommes.
*3481 Nature morte.
*3482 Homme avec une casquette verte.
*3483 Femme assise.
*3484 Etude.
3485 Portrait (appartient à M. Ami Chantre).

MARGUERÉ (Henry), né à Paris. — 7, quai Voltaire, Paris.

*3486 Vision d'hiver.
*3487 Vision de printemps.
3488 « Violette ».
*3489 Jeune femme au mimosa.
*3490 Paysage (Dauphiné).
*3491 Paysage (Gretz-sur-Loing).

MARINOT (Maurice), né à Troyes. — 5, Petite-Rue Bégand, Troyes.

*3492 Maternité.
*3493 La rose.
*3494 Sous l'arbre.
*3495 La promenade.
*3496 L'action et le repos.
*3497 Paysage.

MAROUSSIA (Mlle), née en Russie. — 47, rue de la Montagne-Sainte-Geneviève, Paris.

 3498 Nu.
 3499 Portrait de jeune fille.
 3500 Petite bretonne.
 3501 Paysage.
 3502 Paysage.

MARQUE (Albert), né à Nanterre. — 116, rue de Vaugirard, Paris.

 3503 Portrait de Mlle J... (buste marbre).
 ***3504** Statuette de fillette (bronze).
 3505 Groupe Maternité (plâtre).

MARQUE (Maurice), né à Rueil (Seine-et-Oise). — 7, rue Alain-Chartier, Paris.

 ***3506** Plein air.
 ***3507** Intérieur.
 ***3508** Intérieur.
 ***3509** Intérieur.
 ***3510** Intérieur.
 ***3511** Fleurs.

MARQUET (Albert), né à Bordeaux. — 19, quai Saint-Michel, Paris.

 3511 bis Naples (le Vésuve) (appartient à M. Druet).
 3511 ter Paysage (appartient à M. Blot).

MARRE (Henri), né à Montauban. — 1, rue de la Comédie, Montauban (Tarn-et-Garonne).

*3512 Vieilles maisons du Lot.
*3513 Place de la Citadelle (Montauban).
*3514 Le pont (Montauban).
*3515 Petite place à Montauban.
*3516 Le café de l'Europe (Montauban).
*3517 Barque de pêche.

MARSHALL (T.-William), né à Donisthorpe. — 49, boulevard Montparnasse, Paris.

*3518 Etude d'amandiers fleuris, Ajaccio (Corse).
*3519 Etude d'amandiers fleuris, Ajaccio (Corse).
*3520 Etude d'amandiers fleuris, Ajaccio (Corse).
*3521 Etude d'amandiers fleuris, Ajaccio (Corse).
*3522 Etude d'amandiers fleuris, Ajaccio (Corse).
*3523 Etude d'amandiers fleuris, Ajaccio (Corse).

MARTIN (Jacques), né à Villeurbanne (Rhône). — 52, chemin de Baraban, Lyon.

*3524 Dans le parc de la villa Soleil, à la Ciotat.
*3525 La Méditerranée à la Ciotat.

*3526 Dahlias simples.
*3527 Roses.
*3528 Oranges.
*3529 Fruits.

MARTIN (Jean-Léon), né à Issoire (Puy-de-Dôme). — 7, boulevard Arago, Paris.

*3530 Nature morte.
*3531 Nature morte.
*3532 Nature morte.
*3533 Nature morte.
*3534 Nature morte.
*3535 Figure.

MARVAL (Mme). — 9, rue Campagne-Première, Paris.

*3536 Etude de chrysanthèmes.
*3537 Etude de chrysanthèmes.
*3538 Etude de chrysanthèmes.
*3539 Etude de chrysanthèmes.
*3540 Etude de chrysantèmes.
*3541 Etude de chrysanthèmes.

MARY-GEORGE (Mme), née à Durban. — 20, boulevard Inkermann, Neuilly-sur-Seine.

*3542 Nature morte.
*3543 Nature morte.

*3544 Nature morte.
*3545 Nature morte.
*3546 Nature morte.

MASRIERA (Louis), né à Barcelone. — Bailen, 73, Barcelone.

*3548 Petit monstre mangeant la soupe.
*3549 Marché espagnol.

MASSIN (Louis-Eugène-Pierre), né à Paris. — 95, rue de Vaugirard, Paris.

*3550 Cheval de trait.
*3551 Un lavoir à Saint-Pol-de-Léon (Bretagne).
*3552 Concarneau (le port). Bretagne.
*3553 Un puits aux environs de Concarneau (Bretagne).
*3554 Dentellière à Audierne (Finistère).
*3555 Automobile la nuit dans le vieux Roscoff (Bretagne).

MATHEY (Jacques), né à Paris. — 159, rue de Rome, Paris.

*3556 Intérieur.
*3557 Intérieur.
*3558 Intérieur.

*3559 Paysage.
*3560 Paysage.
*3561 Paysage.

MAUPRAT (Henri), né à Barfleur (Manche). — 81, boulevard Saint-Michel, Paris.

*3562 Le moulin de la Mie au Roy.
*3563 Les tilleuls d'Anneville-en-Saire.
*3564 Le village de Tocqueville.
*3565 Rosée du matin dans le Val de Saire.
*3566 Moulin du Val de Saire.
*3567 Entrée du port de Barfleur.

MAY (Philip), né à Hampton Wick. — Villa Bellevue, Saint-Tropez (Var).

*3568 La musique des eaux.
3569 Au Lac Majeur (appartenant à S. A. le Prince Ali Ismaïl.)
*3570 Rochers rouges au Trayas.
*3571 Bacchante.
*3572 Avant la pluie (Pont-Croix).
*3573 Branche de pommier.

MAYER (Maxime), né à Paris. — 164, avenue de Versailles, Paris.

*3574 L'inondation (octroi de Billancourt).
*3575 Roses.

*3576 Fruits (poires).
*3577 Fruits (pêches).
*3578 Dahlias (fleurs).
*3579 Iris (fleurs).

MAZARD (Alphonse-Henri), né à Paris. — 48, rue de Vanves, Paris.

*3580 Etang de Beaulne (S.-et-O.).
*3581 Intérieur à Boigny (S.-et-O.).
*3582 Basse-cour à Itteville (S.-et-O.).
*3583 Sarrasin en fleurs.
*3584 Chaumières aux Murs (S.-et-O.).

MÉCHAIN (Louis), né à Saintes (Charente-Inférieure). — 8 *bis*, avenue Henri-Martin, Nanterre.

*3585 La Charente à Saint-Savinien.
*3586 Un vieux lavoir.
*3587 Un affluent de la Charente.
*3588 La Charente (le matin).
*3589 La Charente (le soir).

MEISEL (Jules), né à Vienne (Autriche). — 2, passage de Dantzig, Paris.

*3590 Groupe (plâtre).
*3591 Dessin.
*3592 Dessin.

*3593 Dessin.
*3594 Dessin.
*3595 Dessin.

MÉNARD (Henri), né à Brueil (Seine-et-Oise). — Place Gency, à Meulan (Seine-et-Oise).

*3596 Marine (Luc-sur-Mer).
*3597 Marine (Luc-sur-Mer).

MERAZZI (Jean-Baptiste), né à Firminy (Loire). — 4, rue Orloff, Fontainebleau (Seine-et-Marne).

*3598 Montée du Calvaire (forêt de Fontainebleau).
*3599 Les vieux chênes.
*3600 Dans la prairie.
*3601 Une rue de Bourron.
*3602 Dans l'eau et sous la neige.
*3603 Coin de rue à Recloses.

MÉRÉDIZ (José-A.), né à Buenos-Ayres. — 22, rue Maurepas, Thiais (Seine).

*3604 Pommes et théière.
*3605 Pommes.
*3606 Pommes et narcisses.
*3607 Assiette et madras.
*3608 Oranges et pots.

MESENS (Mme Jeanne), née à Bruxelles. — 79, rue des Rentiers, Paris.

*3609 Lilas (pastel).
*3610 Printemps (aquarelle).

MESSEMIN (Eugène), né à Chapelle-Saint-Mesmin (Loiret). — 13, place du Marché, Saint-Denis (Seine).

 3611 Portrait de Mme Eug. M...
*3612 Dragage du sable en Loire.
*3613 La Loire en septembre (Orléanais).
*3614 Le vent dans les peupliers (bord de la Loire).
*3615 Rideau de peupliers au bord de la Loire.
*3616 Peupliers au bord de la Loire.

MESTRALLET (Paul-Louis), né à Paris. — 4 ter, rue du Cherche-Midi, Paris.

*3617 Paysage.
*3618 Paysage.
*3619 Paysage.
*3620 Paysage.
*3621 Fleurs.
*3622 Fleurs.

METCHNIKOFF (Mlle Olga), née en Russie. — 28, rue du Guet, Sèvres (Seine-et-Oise).

*3623 Automne.
*3624 Mur du jardin.
3625 Au Fouquet (appartient à M. M...).
3626 Coin de mon jardin (appartient à M. M...).
*3627 Par la fenêtre.
*3628 Automne (d'en haut).

METHEY (André), né à Laignes (Côte-d'Or). — 3, rue du Maine, Asnières.

3629 Coupe terre vernissée (appartient à Mme Paquin).
3630 Coupes à anses terre vernissée (appartient à Mme Daniel Lesueur).

METZINGER (Jean). — 77 bis, rue Legendre, Paris.

*3631 Nature morte.
*3632 Paysage (Avignon).
*3633 Paysage (Laon).
*3634 Paysage (Château de Coucy).
*3635 Nu.
3636 Portrait de M. Guillaume Apollinaire.

MEUNIER (Alexandre), né à Nancy. — 41, rue Bayen, Paris.

 3637 Le balcon.
 3638 Millac.
 3639 La pièce d'eau.
 3640 Dahlias.
 3641 Dahlias.
 3642 Fleurs.

MEUNIÉ (Paul-Henri), né à Paris. — 4, rue Picot, Paris.

 ***3643** Du haut de la colline (Loire-Inf.).
 ***3644** Genêts en fleurs (Arcachon).
 ***3645** Un coin de table.

MEYER (Maurice-Louis), né à Paris. — 13, rue Bonaparte, Paris.

 ***3646** Christ au tombeau.
 ***3647** Nature morte.
 ***3648** Effet d'hiver.
 ***3649** Baigneuse.
 ***3650** Sous bois.
 ***3651** Vieille tour à l'automne.

MICHAUD-COMTE (Mme Marie), née à Lyon. — 48, rue Vavin, Paris.

*3652 Nature morte.
 3653 Portrait de Mme X...
*3654 Jeune fille de la campagne romaine.
*3655 Une fiancée italienne.

MICHELIN (Hippolyte), né à Nontron (Dordogne). — 36, rue Chevert, Paris.

*3656 Le vallon du Crochet (le matin), à Varaignes (Périgord).
*3657 Le gros chêne (soir), à Varaignes.
*3658 Avoines et blés (plateau de Clamart).

MIGNON (Jules-Albert), né à Angers. — 27, rue Campagne-Première, Paris.

*3659 La liseuse.
*3660 La couseuse.
*3661 La rue Saint-Jacques.
*3662 Paysage.
*3663 Effet de neige.
*3664 Nature morte.

MIGNON (Lucien), né à Angers (Maine-et-Loire). — 51, rue du Cardinal-Lemoine, Paris.

*3665 Le petit marchand de pommes (pastel).
*3666 Nature morte.
*3667 Fleurs.
*3668 Etude de nu, femme couchée (dessin).
*3669 Etude de nu, femme assise (dessin).
*3670 Trois études de nu (dessins).

MILANOLO (Ch.-J.), né à Varallo (Italie). — 55, rue Pape-Carpentier, Moulins.

3671 Pâturage d'Averme (vaches).
3672 Ile de l'Allier à Moulins (bêtes à cornes).
3673 Nature morte.

MILLARD (Ernest-Jean-Marie), né à Paris. — 7, boulevard Arago, Paris.

*3677 L'église Saint-Médard et la rue Mouffetard.
*3678 Une maréchalerie à Nevers.
*3679 Une cour à Rouen.
*3680 Le marché de Honfleur.
*3681 Vache dans la montagne.
*3682 Sous l'auvent du Châlet.

MILLOT (Eugène-Charles), né à Paris. — 201, rue de Paris, Charenton (Seine).

*3683 Etude de nu (femme rousse vue de dos).
*3684 Paysage à Mondragron (pochade).

MIRO (Gaspar), né à Villanueva y Galtrée (Espagne). — 15, rue de l'Echiquier, Paris.

*3685 Souverains.

MODIGLIANI (Amédé), né en Italie. — 14, cité Falguière, Paris.

*3686 Le joueur de violoncelle.
*3687 Lunaire.
*3688 Etude.
*3689 Etude.
 3690 Le mendiant (appartient à M. J. A..).
 3691 La mendiante (appartient à M. J. A..).

MOHRIEN (Achille), né à Paris. — 1 bis, rue St-Gilles, Paris.

*3692 Jardin ensoleillé (après-midi) (aquarelle).
*3693 Coin de jardin (le matin) (aquarelle).

*3694 Coin de jardin (aquarelle).
*3695 Dernier effet de soleil (aquarelle)
*3696 Lavoir sur la Seine (Paris).
*3697 Effet de soleil (le matin).

MONJAUZE (G.), né à Paris. — 8, boulevard de Clichy, Paris.

*3698 Bal Tabarin.
*3699 Baigneuse.
*3700 Mlle Quat-z'arts.
*3701 Sieste.
*3702 Versailles (Salon de la guerre et galerie des glaces.)
*3703 Versailles (le bain de Diane).

MONTALBAN (Jean), né à Paris. — 209, boulevard Davout, Paris.

*3704 La place du Trône.
*3705 La baignade.
*3706 La femme à la puce.
*3707 Le logis d'un humble.
*3708 Le quai à Rouen.
*3709 Juin aux environs de Paris (eau-forte retouchée au pastel).

MONTEXIER (G.-S.), né à Paris. — 81, rue des Saints-Pères, Paris.

*3710 Paysage d'été.
*3711 Jardin à l'automne.
*3712 Deux roses.
*3713 Le port des Sables-d'Olonne.
*3714 Le port des Sables-d'Olonne au soleil couchant.
*3715 Entrée de village le soir.

MONTIGNY (M{ᵐᵉ} Jenny), née à Gand. — Deurle (Fl. Or.) (Belgique).

*3716 En septembre, l'après-midi.
*3717 Mère et enfant.

MORARD (Henri-Charles), né à Clermont (Oise). — Décédé.

*3718 Etude.
*3719 Etude.
*3720 Etude.
*3721 Etude.
*3722 Etude.
*3723 Etude.

MOREAU (Louis), né à Châteauroux. — 77 bis, rue Voltaire, Levallois-Perret (Seine).

 3723 Les meules (aquarelle).
 3724 Les marronniers (aquarelle).
 3725 Sur les fortifs (aquarelle).
 3726 Portrait (aquarelle).
 3727 La Pingaudière (dessin au crayon).
 3728 Un cadre (croquis).

MOREAU (Luc-Albert), né à Paris. — 15, rue du Cherche-Midi, Paris.

 *3729 Groupe.
 *3730 Nu.
 *3731 Tête.

MOREAU (Pierre-Louis), né à Paris. — 12, rue Chanoinesse, Paris.

 *3732 Uzès.
 *3733 Eglise à La Baume.
 *3734 La Durance.
 *3735 Ris.
 *3736 Viviers.
 *3737 Démolitions à Paris.

MOREAU-LEFEBVRE (Mme Gabrielle), née à Paris. — 26, rue Trézel, Paris.

*3738 Chrysanthèmes.
*3739 Fleurs et fruits.
*3740 Reines-Marguerites.
*3741 Sur la plage à Dieppe.
*3742 Falaises entre Pourville et Dieppe.
 3743 Un coin du parc à Clamart.

MOREROD (Edouard). — 11, rue des Ternes, Paris.

3744 Porte de bouge (Alméria).
3745 Une place (Guadix).
3746 Silhouette de Pastora.
3747 Gitane accroupie.
3748 Tête de femme (Séville).
3749 Croquis de danses (Séville).

MORIN (Fernand), né à Saint-Aubin-de-Baubigné. — Pont-Aven, et chez M. Luchtmeyer, 44, rue Condorcet, Paris.

*3750 Le soir (Bretagne).
*3751 Marché breton.
*3752 Au bord du canal.
*3753 Le soir près de la côte.
*3754 Printemps.
*3755 Les moulins à Pont-Aven.

MOTINSKY (Abram), né à Odessa (Russie). — 3, rue Nicolas-Charlet, Paris.

    3756 Les Platans (souvenir d'Italie).
    3757 Une voile (souvenir d'Italie).
    3758 En octobre.
    3759 Après la pluie.
    3760 Champ labouré.
    3761 Feu d'artifice (pastel).

MORTAGNE (Jacques), né à Paris. — 52, avenue de la République, Paris.

    *3762 Prairie.
    *3763 Moulin du Diben (Bretagne).
    *3764 Paravent jaune (intérieur).
    *3765 Armoire normande (intérieur).
    *3766 Nature morte.
    *3767 Nature morte.

MORTIMER-GRONOW, né à Paris. — 39, rue Washington, Paris.

    4768 Venise (la lagune). Remaillage des filets le soir.
    3769 Chioggia (un lavoir).
    3770 Venise (coin du Vieux Port).
    3771 Venise (Notre-Dame-de-la-Salute).
    3772 Venise (la lagune). Coucher de soleil sur le Lido.
    3773 Venise (Le grand Canal).

MOUCHON (Georges), né à Paris. — 6, rue Schœlcher, Paris.

*3774 Pivoines.
*3775 Hortensias.
 3776 Etude à Sauzon.
 3777 Etude à Longjumeau.
*3778 Chrysanthèmes.

MOURIER (Pierre), né à Paris. — 16, rue Juliette-Lambert, Paris.

3780 Vieille femme debout (étude plâtre).
3781 Tête de femme (étude plâtre).
3782 Tête d'homme (étude plâtre).
3783 Tête d'homme (étude plâtre).
3784 Petites filles (esquisse plâtre).
3785 Lisette (eau-forte noire).

MOUTARD (Ernest), né à Guerchy (Yonne). — 34, boulevard Exelmans, Paris.

*3786 Vase de cuivre et fleurs.
*3787 Roses.
*3788 Légumes.
*3789 Sabots de Mlle A...
*3790 Fantaisie.

MOUTHIER (Hippolyte-Louis), né à Grenoble. — 10, rue Corvisart, Paris.

    *3791   Le lac Grand-Doménon (Dauphiné).
    *3792   Vallée de l'Oursière (Dauphiné).
    *3793   Mont Blanc (vue du Prarion).
    *3794   Mer de nuages sur Chamonix (vue du Prarion).
    *3795   Bords de l'Isère (près Grenoble).

MULLER (Mlle Berthe), née à Meaux. — 89, rue de Vaugirard, Paris.

    *3796   Coin de forêt.
    *3797   Nature morte.
    *3798   Nature morte : Thé.
    *2799   Fruits et fleurs.
    *3800   Anémones (pastel).
    *3801   Anémones (pastel).

MUNCH (Edvard), né à Loiten (Norvège). — Kragerö (Norvège).

    *3802   L'enfant malade.
    *3803   Alfa et Oméga.
    *3804   Alfa et Oméga.
    *3805   Alfa et Oméga.
    *3806   Alfa et Oméga.

MUSSA (P.), né à Paris. — Villa des Arts, 22, rue Raynouard, Paris.

*3807 Rio di San Trovaso (Venise).
*3808 Canal di San-Marina (Venise).
*3809 La bonne soupe (Finistère).
*3810 La grand-mère (Finistère).
*3811 Retour du marché.
*3812 Sardiniers au clair de lune (Camaret, Finistère).

MUTERMILCH (Mme Méla), née à Varsovie. — 130, boulevard du Montparnasse, Paris.

*3813 Les Dunes.
*3814 Les Fleurs.
*3815 Estampe japonaise.
*3816 Le vieux.
*3817 Le calvaire (pastel).
*3818 La neige.

MUTZNER (Samys), né en Roumanie. — Giverny, par Vernon (Eure).

*3819 Eglise de Giverny.
*3820 Paysage.
*3821 Paysage.
*3822 Paysage.
*3823 Etude au soleil.

NALEPINSKA (Mlle Sophie), née à Varsovie. — 9, rue Campagne-Première, Paris.

*3824 Une tête.
*3825 Une tête.
*3826 Etude.

NAMUR (Paul-Franz), né à Valenciennes. — 68, rue Spontini, Paris.

*3827 La femme aux perroquets.

NANTEUILLE (François), né à Paris. — 82, rue Claude-Bernard, Paris.

3828 Portrait de Jeannot.
3829 Chasseur à l'affût.
3830 Laveuse, à Armentières (Oise).
3831 Etang d'Urcines (Chaville).
3832 Un coin de parc à Viroflay (S.-et-O.) aquarelle.
3833 La chasse aux papillons (aquarelle).

NERI (Giuseppe), né à Bologne (Italie). — Rome : Atelier, via Margutta, 54.

*3834 L'automne dans les Apennins (panneaux décoratifs).
*3835 Le pin de Via Nomentana (Campagne romaine).

NIBOR (Adolphe), né à Saint-Malo. — 22, rue de la Pitié prolongée, Paris.

*3836 Fille d'Arvor (fusain).
*3837 Parmi les feuilles (lithographie).
*3838 Vieux chouan (lithographie).
*3839 Rosporden (lithographie).
*3840 Le chanteur populaire, Concarneau (étude).

NICOLET (Gaston), né à Paris. — 6, rue Aumont-Thiéville, Paris.

*3841 Dans la brume.
*3842 La procession sur le port (Bretagne).
*3843 Eclaircie dans la brume.

NIVOULIÈS (Mlle Marie), née à Toulon. — 11, rue de Sèvres, Paris.

*3844 A contre-jour.
*3845 Barque de pêche (Saint-Tropez).
3846 Un coin de Brescon (Martigues).
*3847 Maison rose, bateau vert (Martigues).
*3848 Le pêcheur.
*3849 Sur la plage (Saint-Tropez).

NOBLE (John), né à Wichita (Kansas). — Chez M. L. Lefebvre-Foinet, 19, rue Vavin, Paris.

*3850 Clair de lune.
*3851 Claire de lune.

NONELL-MONTURIOL, né à Barcelone (Espagne). — 50, rue Baja de San Pedro, Barcelone.

*3852 Lola.
*3853 Coralito.
*3854 La Chavala.
*3855 Juana.
*3856 Julia.
*3857 Etude.

NOUHAN (Charles), né à Paris. — 9, rue Alfred-de-Vigny, Paris.

*3858 Bords d'étang.
*3859 La chaussée de l'étang.
*3860 Coin de quai à Medemblick (Hollande).
*3861 Le bief du moulin.
*3862 Le vieux clocher.
*3863 Matin d'août (Bretagne).

NUMA-GILLET, né à Bordeaux. — 10, rue Frochot, Paris.

*3864 Au pays rêvé.
*3865 Avant midi.
*3866 Avant le soir.
*3867 Nocturne.

OBERTEUFFER (George), né en Amérique. — Gommerville, par Saint-Romain (Seine-Inférieure) ou chez M. Lucien Lefebvre-Foinet, 2, rue Bréa, Paris.

    *3868   En Normandie.
    *3869   Neige.
    *3870   Chantier à Boulogne.
    *3871   En Bretagne.
    *3872   Les arbres.
    *3873   En Finistère.

OBERTEUFFER (H.-Amiard), né au Havre. — Gommerville, par Saint-Romain (Seine-Inférieure) ou chez M. Lefebvre-Foinet, 2, rue Bréa, Paris.

    *3874   Le petit Louis.
     3875   Marins.
    *3876   Les Marquerilles.
    *3877   Nature morte.
    *3878   Les oranges.

OLIVIER (Fernand), né à Martigues (Bouches-du-Rhône). — 6, square Delambre, Paris.

    *3879   La rive (Martigues).
    *3880   L'étang (Martigues).
    *3881   Une rue à Montreuil-sur-Mer.
    *3882   Cuivre et faïences.
    *3883   Rue du Haut-Pavé (29 janvier 1910).
    *3884   Pont Saint-Louis et Notre-Dame (29 janvier 1910).

ORANGE (Mlle Germaine), née à Paris. — 151 bis, rue de Grenelle, Paris.

*3885 Partie interrompue.
*3886 Cuivres.
*3887 Nature morte : Citrouille.
*3888 Marine (Granville).
*3889 Nature morte : Tique.

ORGAZ (Pascal), né à Bayonne (Pyrénées-Orientales). — 233, rue Championnet, Paris.

*3890 Lilas.
*3891 Vieille bible.
*3892 Livres et pipe.
*3893 Chaumières à Loguivy.
*3894 Chaumières à Loguivy.
*3895 Foire à Pont-Aven.

OTTMANN (Henry), né à Ancenis (Loire-Inférieure). — 26, rue Gambetta, Meudon (Seine-et-Oise).

*3896 Nature morte : Fruits et tulipes.
*3897 La desserte.
*3898 Nature morte au vase persan.
*3899 L'étrangère.
*3900 Nature morte : A la fontaine.
*3901 Jeune femme à la coiffure.

OTTOZ (Emile), né à Paris. — 7 bis, rue Duperré, Paris.

*3902 Vieilles chaumières (impression).
*3903 Temps brumeux.
*3904 Intérieur d'octogénaire normand.
*3905 Mon atelier.
*3906 L'aurore près de l'Oise.
*3907 Vieux sabotier.

OURY (Mlle Thérèse), née à Chartres. — 12, rue de Chevrès, Chartres.

3908 Bouquet de roses.
3909 Les Aiguières.
3910 Nature morte.
3911 Nature morte.
3912 Raisins.

PAJAK (Mme Aniela), née en Pologne. — 6, place du Maine, Paris.

*3913 Sous la lampe.
3914 Portrait de petite fille.
*3915 Etude de fleurs.
*3916 Vue de Gorlice (Pologne).
*3917 Vue de Maryampole (Pologne).
*3918 Dans le jardin.

PARENT (Léon-Louis), né à Armentières (Nord). — 9, rue des Apennins, Paris.

* **3019** Le sommeil.
* **3920** Reflets.
* **3921** Souvenirs d'été (Pyrénées).
* **3922** Les toits (Pyrénées).
* **3923** Vallée de Luchon (Pyrénées).
* **3924** La vieille bicoque (Pyrénées).

PARMENTER (Mlle Mabel), née en Angleterre. — 312, rue Saint-Jacques, Paris.

* **3925** Chartres.
* **3926** « Nous nous revenons ».
* **3927** Eau-forte.

PASCIN (Jules), né à Widdin (Bulgarie). — 8, rue de la Grande-Chaumière, Paris.

* **3928** Les vierges folles.
* **3929** Brigands en fuite.
* **3930** Le choix des modèles.
* **3931** Intérieur.
* **3932** Cadre.
* **3933** Dessins.

PASTEUR (M*me* Marthe). — 65, rue d'Anjou.

    3934 La crue à Saint-Cloud.
    3935 La crue, quai de la Rapée.
    3936 Misère.
 *3937 Coin de salon.
 *3938 Port de Toulon.
    3939 Le quai Voltaire.

PATERNE-BERRICHON, né à Issoudun (Indre). — 18, avenue de la Frillière, Paris.

 *3940 Nature morte.
 *3941 Nature morte.

PAVIOT (Louis), né à Lyon. — 63, rue Caulaincourt, Paris.

 *3946 La fin de la Bacchanale.
 *3947 Roses blanches.
 *3948 Etude de nu.
 *3949 Le corset blanc.
 *3950 Les vendangeurs.
 *3951 Bouquet d'arbres, bords de l'Ain.

PECCATTE (Charles). — 27, rue Thurin, Saint-Dié (Vosges).

 *3952 La matinée ensoleillée.

PECK (Pierre), né à Paris. — 1, rue de Courcelles, Paris.

 3953 Portrait de Mme A...
 3954 Barque du Léman.

PEDRALS (J.-A. de) (Pedro). — 7, rue Belloni, Paris.

 ***3955** La Rade.
 ***3956** Nature morte.
 ***3957** Paysage.
 ***3958** Paysage.

PÉGOT-OGIER (Jean), né en Espagne. — 69, Grande-Rue, Grand Montrouge (Seine).

 ***3959** La moisson.
 ***3960** La procession.
 ***3961** La danse.
 ***3962** Le lavoir.
 ***3963** Le pardon.
 ***3964** Le jardin.

PELCZYNSKI (Ceslas), né à Varsovie. — 95, rue de Vaugirard, Paris.

 ***3965** Jeune fille.
 ***3966** Symphonie d'hiver.
 ***3967** L'hiver.

*3968 Journée nuageuse.
*3969 Sans domicile.
*3970 Autoportrait.

PÉLISARD (Etienne), né à Barcelone (Espagne). — 6, rue des Abbesses, Paris.

*3971 Pont-d'Ouilly (Calvados).

PENOT (Eugène-Edmond), né à Pithiviers (Loiret). — 223, rue de l'Université, Paris.

*3972 Un coin du village de Précy.
*3973 Les avoines, temps gris.
*3974 Matinée d'automne.
*3975 La Marne à Précy, le soir.
*3976 Paysage, soleil couchant.
*3977 Le bout du village de Précy.

PEQUIN (Charles), né à Nantes. — 15, rue Boissonade, Paris.

3978 Portrait de Mlle M...
*3979 Paysage.
3980 Portrait du peintre D...
*3981 Fruits.
*3982 Tête de Parque.
*3983 Paysage.

PERELMAGNE (Wladimir), né à Saratow (Russie). — 35, rue de la Tombe-Issoire, Paris.

*3984 Premiers pas (groupe plâtre).
*3985 Mère et bébé (groupe).
*3986 Fillette et poupée.
*3987 Fillette et poupée.
*3988 Parisienne (statuette).

PERELMANN (Joseph), né à Saint-Pétersbourg. — 9, rue Falguière, Paris.

3989 Portrait du peintre Marcel Boronneau.
*3990 Dans les roches (forêt de Fontainebleau).
*3991 Effet d'automne (forêt de Fontainebleau).
*3992 Femme de peintre.
*3993 Escalier romantique (Samois).
*3994 Près du moulin (Nemours).

PÉRINET (Louis-André), né à Poissy. — 7, rue de Citeaux, Paris.

*3995 Chapelle bretonne.
*3996 Chapelle bretonne.
*3997 La lande, soir.
*3998 La lande, temps gris.
*3999 Chapelle bretonne.
*4000 Brune.

PERRIN-MAXENCE, né à Saint-Etienne. — 3, rue Boissonade, Paris.

*4001 Les pins.
*4002 Kernévénas.
 4003 Mer.
*4004 Ker-Zelec.
*4005 Dunes.
*4006 Pommiers.

PERROUDON (Lucien), né à Ferté-Gaucher (S.-et-M.). — Goussainville (Seine-et-Oise).

*4007 Etude de nu.
*4008 Rêverie (étude de nu).
*4009 Tête d'enfant.
*4010 Le soir, automne (paysage).
*4011 Impression (paysage).
*4012 Matinée de printemps (paysage).

PERSON (Henri). — 48, boulevard des Batignolles, Paris.

*4013 Paysage de Provence.
*4014 Paysage de Provence.
*4015 Paysage de Provence.
*4016 Paysage de Provence.
*4017 Stamboul sur la corne d'or.
*4018 Galata sur la corne d'or.

PESKÉ (Jean). — 39, boulevard Saint-Jacques, Paris.

    4019 Râcleurs de Liège.
    4020 La mère Danio (Bourginiaud).

PETIT (Henri), né à Paris. — Aux Augeries, Fontaine-en-Sologne (Loir-et-Cher).

    ***4021** Le bain.
    ***4022** En Sologne.

PETITJEAN (Hippolyte), né à Mâcon. — 26, rue Nansouty (villa du Parc-Montsouris, 5), Paris.

    ***4023** Baigneuse.
    ***4024** Idylle.
    ***4025** Églogue.
    ***4026** Églogue.

PEYRARD (Charles), né à Paris. — 10, rue Frochot, Paris.

    ***4027** La vieille porte.
    ***4028** Pivoines.
    ***4029** Le moulin de Fourges (Eure).
    ***4030** La Seine à Vernonnet (Eure).

PEYRONNET (Léonard), né à Montpellier. — 6, rue Cortot, Paris.

*4031 Sous bois de Trembles (Norvège).
*4032 Paysage d'hiver (Norvège).
*4033 Fermes en hiver (Norvège).
*4034 Fin d'hiver (Norvège).
*4035 Cimetière de vallée (Norvège).
*4036 Haute vallée en été (Norvège).

PFEFFERMANN-PANN (Abel), né en Russie. — Avenue du Parc-de-Montsouris, Paris.

*4037 Le guide (pastel).
*4038 Le guide (peinture).
*4039 Chez le dentiste (pastel).
*4040 L'accident (pastel).
*4041 Le portrait de famille (pastel).
*4042 Le concert (pastel).

PHILOSOPHOFF (Mlle Adine), née à Saint-Pétersbourg. — Donville, par Granville (Manche).

*4043 Pensées d'automne.
4044 Portraits de Mme G... et de Mlle D...
*4045 Bonne femme.

PHROD (Léo), né à Genève. — Pont-d'Avignon (Gard).

*4046 Barque du Léman (Genève).
*4047 Barques du Léman (Genève).
*4048 Les sablières (Villeneuve-les-Avignon Gard).
*4049 Le soir.
*4050 Salomé, après la danse (pastel).

PICART-LEDOUX, né à Paris. — 25, rue Lacondamine, Paris.

*4051 Paysage (Bourgogne).
*4052 Paysage (Bretagne).
*4053 Paysage (Bretagne).
*4054 Paysage (Esterel).
*4055 Tête de femme.
*4056 Femme cousant.

PICHON (Afred), né à Angoulême (Charente). — 1, rue de Saint-Quentin, Le Havre.

*4057 La montagne pâle.
*4058 La montagne pourpre.
*4059 Lac de montagne sous le brouillard.
*4060 Lac de montagne le soir.
*4061 Lac de montagne.
*4062 Les urnes.

PICHON (Mme Suzanne), née à Nancy. — 1, rue de Saint-Quentin, Le Havre.

*4063 Neige (col du Saint-Gothard).
*4064 Pluie menaçante (col du Saint-Gothard).
*4065 Lacs et rochers.
*4066 Un petit lac de montagne.
*4067 Les chevaux sur la plage.

PICHOT (Ramon), né à Barcelone. — 142, avenue de Versailles, Paris.

*4068 La sieste.
*4069 La sardana, danse espagnole.
*4070 Marché à Cadaques (Espagne).
*4071 Marché à Figueras (Espagne).
*4072 Clair de lune à Cadaques (Espagne).
*4073 Rue à Grenade (Espagne).

PIÈBOURG (Louis), né à Chartres. — 7, rue de Bagneux, Paris.

*4074 La vallée d'Artz.
*4075 Acacia.
*4076 Prairie à l'automne.
*4077 Les trois chênes.
*4078 Inondations.
*4079 Le gué.

PIET (Fernand) né à Paris. — 38, rue Rochechouart, Paris.

    *4080 Petites marchandes de sable fin (square d'Anvers).
    *4081 Marché d'Hennebont.
    *4082 La toilette.
    *4083 La puce.
    *4084 Bonne et bébé.
    *4085 La visite Axel.

PINGUET (Victor), né à Paris. — 15, rue Rodier, Paris.

    *4086 Sortie de la messe de minuit à la cathédrale de Rouen.
    *4088 Matinée de printemps sur la boulevard d'Orléans, à Rouen.

PINTA (Gabriel), né à Paris. — 51, rue Monge, Paris.

    *4089 Etude de nu.
    *4090 Un coin de jardin (soleil de mars).
    *4091 Un coin de jardin sous la neige.
    *4092 D'une terrasse.
    *4093 Matinée d'automne (effet de brouillard).
    *4094 Nature morte.

PIROLA (René), né à Paris. — 6, boulevard de Clichy, Paris.

*4095 Corse.
*4096 Corse.
*4097 Corse.

PIVAND (Henri), né à Paris. — 40, rue du Château-d'Eau, Paris.

*4098 Nogent-le-Roy (aquarelle).
*4099 Mont Saint-Michel (dessin).
*4100 Jouy-la-Fontaine, temps gris (dessin).
*4101 Jouy-la-Fontaine, soleil (dessin).

PLEHN (Mlle Alice), née à Kopitkowo (Allemagne). — 17, rue Campagne-Première, Paris.

*4102 Le Kimono.
*4103 Nature morte.
*4104 Des roses.
*4105 Le Luxembourg.

PLUMET (Jean), né à Mâcon. — 34, rue des Apennins, Paris.

*4106 Le hameau des Saules.
*4107 Un coin de Flacé.
*4108 L'ombre sur le chemin.

*4109 Fleurs et statuette.
*4110 Fleurs et pommes.
*4111 Intérieur.

POIGNANT (Albert), né au Mans. — 169, rue Voltaire, Le Mans.

*4112 Vallon de St-Longis (Sarthe).
*4113 Après l'orage (Bords de l'Huisne).
*4114 Matinée d'été (Erquy, C.-du-N.).
*4115 Etang de Vaubeson (forêt de Perseigne).
*4116 Château de Ballon (Sarthe).
*4117 Château de Ballon (Sarthe).

POITEVIN (Pierre), né à Châtellerault. — 8, rue Sedaine, Paris.

4118 Portrait (pastel).
*4119 L'heure du thé.
*4120 Demande en mariage (pastel).

POPÉA (Mlle Elena), née à Brasso (Hongrie). — Czernovitz Dominik, 6 (Autriche).

*4121 Etude.
*4122 Etude.
*4123 Etude.
*4124 Etude.
*4125 Etude.
*4126 Etude.

POPINEAU (Louis), né à Montauban. — 8, rue de la Glacière, Paris.

 4127 Allée de parc.
 4128 Le bouquet de roses.
 4129 L'orangerie.
 4130 Fleurs.
 4131 Le Tescou à Montauban.

PORANKIEWICZ (Ladislas), né à Varsovie. — 6, rue du Val-de-Grâce, Paris.

 *4132 Le baiser.
 *4133 La Nativité.
 *4134 Le Christ.

PORTAIT-D'ARCY (Gabrielle), née à Mulhouse. — Galerie B. Weill, 25, rue Victor-Massé, Paris.

 *4135 Nature morte.
 *4136 Nature morte.
 *4137 Nature morte.
 *4138 Nature morte.
 *4139 Nature morte.
 *4140 Nature morte.

POTTIER (Gaston), né à Paris. — 14, rue La Bruyère, Paris.

 *4141 Baie de Douarnenez.
 *4142 Baie de Douarnenez (les rochers).
 *4143 Plage du Ris à Ploaré.

POULAIN (Edmond), né à Bobigny (Seine). — 35, rue Linné, Paris.

*4144 Vallée de la Seine, le soir.
*4145 Rue Clovis, au soleil couchant.
*4146 Effet de lune à Lascelle (Cantal).
*4147 Matinée d'automne à Saint-Cloud.
*4148 La montée, soleil couchant.

POZIER (Jacinthe), né à Paris. — Eragny, par Gisors (Eure).

*4149 Temps brumeux à Pont-Aven.
*4150 Vallon à Pont-Aven.
*4151 Après la pluie, à Pont-Aven.
*4152 Soleil du matin, à Pont-Aven.
*4153 Bords de l'Aven, à Kerviguélen.
*4154 Chantier de bateaux, à Pont-Aven.

PRINCE (Georges-Alphonse), né à Paris. — 4, rue Tardieu, Paris.

*4155 Les cerises (nature morte).
*4156 Chrysanthèmes.
*4157 Pavots.
*4158 Campanules.
*4159 Hortensias.
*4160 Glaïeuls.

PROPER (Mlle Ida-L.), née aux Etats-Unis. — 72, rue Notre-Dame-des-Champs, Paris.

*4161 Luxembourg, jeudi.
*4162 Luxembourg, après-midi.
*4163 Luxembourg, premier pas.
*4164 Manteau bleu.
*4165 Le dernier point.
*4166 Luxembourg, midi.

PROTTMANN (Mlle Stella), née à Budapest (Hongrie). — 11, place du Panthéon, Paris.

*4167 Homme au gilet jaune.
*4168 Joueur de violoncelle.
*4169 Intérieur.
*4170 Etude.
*4171 Au jardin du Luxembourg.
*4172 Nature morte.

PRUNIER (Pierre), né à Paris. — 41, rue Bayen, Paris.

*4173 Maison du fleuriste.
*4174 Maison du bourrelier.
*4175 La femme au chat.
*4176 La grande rue (La Charité-sur-Loire).
*4177 La route de Pougues.

PRUSZKOWSKI (Tadé de), né en Pologne. — 9, rue Royer-Collard.

*4178 Crépuscule d'or.
*4179 La rencontre.
*4180 L'ascète et la prostituée.
*4181 Portrait de M. Kucharski.
*4182 Portrait.
*4183 Dessin.

PSTROKONSKA (Mlle Maria de), née en Pologne. — 3, rue J.-Bara, Paris.

*4184 Paysan polonais.
*4185 Tristesse.
*4186 Symphonie blanc et bleu.
*4187 Les roses.
*4188 Inondation.
*4189 Automne.

PUECH (Ernest), né à Beaucaire. — 38, rue de Turin, Paris.

*4190 Le jet d'eau (Luxembourg).
*4191 Les lauriers-roses (Luxembourg).
*4192 Coin de jardin (Luxembourg).
*4193 Vase de fleurs en plein air.
*4194 La Seine au Louvre (effet de pluie).
*4195 Le Loing à Nemours (esquisse de panneau).

PYNENBURG (Reinier), né à Vucht (Hollande). — 23, rue Oudinot, Paris.

*4196 La femme pensive.
*4197 Le petit frère.
*4198 Près le feu.
*4199 Sous la cheminée.
*4200 Intérieur hollandais.
*4201 Le rouet.

QUESNEL (Robert-Camille), né à Paris. — 12, rue de Bagneux, Paris.

4202 La Princesse Ilsée, panneau décoratif tiré du livre de Jean Lorrain : *Princesses d'Ivoire et d'Ivresse*.

QUILLIVIC (René), né à Plouhinec (Finistère). — 59, avenue de Saxe, Paris.

*4203 Vierge d'Audierne.
*4204 Timidité.

RAMBERT (Charles), né à Lausanne (Suisse). — 88, rue Bonaparte, Paris.

*4205 L'hiver.
*4206 Le lac Léman.
*4207 En hiver à Gryon (Suisse).
*4208 Paysage d'hiver à Villars (Suisse).

RAMEAU (Claude), né à Bourbon-Lancy (Saône-et-Loire). — 5, rue du Texel, Paris, chez M. Holl.

*4209 Sur la terrasse, jour de printemps.
*4210 Paysage avec ciel nuageux.
*4211 Nature morte.
*4212 Impression d'automne.
*4213 Eté de la Saint-Martin.
*4204 Paysage montagneux à l'automne.

RAOUL-MARIE (Edmond), né à Paris. — 18, rue de Mesmes, Bougival (Seine-et-Oise).

*4215 Un coup difficile.
*4216 Intimité.
*4217 Etang sous bois.
*4218 La maison du garde.
*4219 Bords de Seine (automne).

RAPPA (Séverin), né à Andorno-Cacciorna (Italie). — 35, rue de la Tombe-Issoire, Paris.

*4220 Un cadre de dessins et portraits au crayon.
*4221 Un cadre de dessins et portraits au crayon.

RASETTI (Georges), né à Paris. — 6, rue Choron, Paris.

*4222 Bretons avant le départ pour la messe.

RAVAUT (Serge), né à Seine-Port (Seine-et-Marne). — Bazincourt, par Gisors (Eure).

    *4223 Les genêts.
    *4224 Matin de janvier.

RAVLIN (Mlle Grace), née aux Etats-Unis. — 75, rue de Vaugirard, Paris.

    *4225 La plage.
    *4226 Paysage.
    *4227 Canal du Loing.
    *4228 Paysage.
    *4229 Coup de vent.
    *4230 La crue de la Seine.

RÉAL (Daniel), né à Guitres (Gironde). — 12, rue du Moulin-de-Beurre, Paris.

    4231 Jour de foire à Guitres.
    *4232 Bords de l'Isle.
    *4233 Temps gris, environs de Coutras (pastel).
    *4234 Rivière, le soir.
    *4235 Route des Malavaux (Vichy).
    *4236 Vendanges en Gironde.

REBOUL (Mlle Berthe), née à Lyon. — 68, rue d'Assas, Paris.

    *4237 Saloméé (d'après Gust. Moreau).
    *4238 Nature morte.

*4239 Nature morte.
*4240 Esquisse.
*4241 Femme au chat (d'après Chaplain).
*4242 Femme à l'éventail (d'après Abel Faivre).

RÉCAPPÉ-ALQUIER, (Mme), née à Paris. — 5, rue Gœthe, Paris.

*4243 Pommier mort.
*4244 Pommier.
*4245 Carolles.
*4246 Carolles.
*4247 Carolles.
*4248 Carolles.

REES (Otto van), né à Fribourg (Allemagne). — 12, rue Girardon, Paris.

*4249 Adam et Eve (I).
*4250 Adam et Eve (II).
*4251 Adam et Eve (III).

REGANHAC (Henri de), né à Cahors (Lot). — 6 *bis*, boulevard Pereire, Paris.

*4252 Les sandwichs.
*4253 Le dais.

REGNIAULT (Georges-Philippe), né à Paris. — 82, avenue Parmentier, Paris.

*4254 A Sainte-Honorine-des-Portes, en vue de la mer.
*4255 A Sainte-Honorine-des-Portes, le val des Moulins.
*4256 A Sainte-Honorine-des-Portes, Dans un clos.
*4257 A Sainte-Honorine-des-Portes, le chemin de Cabourg.

REGNIER (Ludovic), né à Paris. — Villa des Tilleuls, 45, rue de Sèvres, Clamart (Seine).

*4258 Meule (environs de Pontoise).
*4259 Fleurs des champs.
*4260 Roses trémières.
*4261 Iris et marguerites (aquarelle).
*4262 Narcisses et primevères.
*4263 Lis blancs.

REHFELD (Paul), né à Périgueux (Dordogne). — 10, place d'Anvers, Paris.

*4264 Nature morte.
*4265 Tête de femme.

RENAUDOT (Paul), né à Rome. — 1, rue Cassini, Paris.

*4266 Intérieur.
*4267 La toilette.
*4268 Jeune femme lisant.
*4269 L'album.
*4270 Roses rouges.
*4271 Vieille rue à Honfleur.

RENAULT (France), né à Rouen. — 19, rue des Moines, Paris.

*4272 Flore (panneau décoratif).
*4273 Vieille rue à Rouen (dessin).
*4274 Au bois, la contre-allée.
*4275 Au bois, lac Saint-James.
*4276 Au bois, lac Saint-James.
*4277 Passy, rue Berton.

RENÉ-JACQUEMIN. — 35, rue Monge, Paris.

4278 Portrait.

RENÉ-JUSTE (Jean-Camille), né à Paris. — Marlotte (Seine-et-Marne).

*4279 La pluie au jardin.
*4280 Après la pluie, à Nemours.

*4281 Le carrefour (neige).
*4282 Le coin d'ombre.
*4283 Le bateau rouge.

RENEFER (Raymond), né à Reims. — 119, rue de la Tour, Paris.

*4284 Le Pont-Neuf.
*4285 Le pont de Grenelle.
*4286 Le Pont de Grenelle.
*4287 Crue de la Seine.
*4288 Le Pont-Neuf.
*4289 Crue de la Seine.

REYMOND (Carlos), né à Paris. — 5, avenue Bosquet, Paris.

*4290 Esquisse décorative.
*4291 Ramatuelle (Var).
4292 Mer calme, matin (appartient à M. P. Signac).
*4293 Vieux port, soir.
*4294 Poivrons.
*4295 Au music-hall.

REYRE (Mlle Valentine), née à Paris. — 9, rue Sainte-Geneviève, Senlis (Oise).

4296 Portrait.
4297 Cascade du Queureilh (Auvergne).

4298 Madone française.
4299 Hiver (effet de neige).
4300 Eté (à l'ombre du marronnier).
4301 Phlox mauve.

RIBEAUCOURT (Jules), né à Maubeuge (Nord). — 5, rue Nobel, Paris.

*4302 Port de Cassis (Provence).
*4303 La pointe (Provence).
*4304 Coin des pêcheurs (Provence).
*4305 Au bas de la citadelle (Provence).
*4306 Environs de Toulon (Provence).
*4307 Temps gris (Provence).

RIBEMONT-DESSAIGNES (Georges), né à Montpellier (Hérault). — 141, rue Perronet, Neuilly-sur-Seine.

*4309 Panneau décoratif.
*4310 Jeu.
*4311 La femme aux tulipes.
*4312 Mai.
*4313 Lever de lune.
*4314 Piments.

RICHARD (Gustave), né à Metz (Moselle). — 27, rue du Rhin, Paris.

*4315 Nature morte (aquarelle).
*4316 Nature morte (aquarelle).

*4317 Cour de ferme, près La Ferté-Alais (Seine-et-Oise) (aquarelle).
*4318 Le Pont-Neuf (aquarelle).
*4319 Vieille maison à Aiguebelette, près de Chambéry (Savoie) (aquarelle).
*4320 Le pont Royal.

RIGAUD (Pierre-Gaston), né à Bordeaux. — 6, rue Aumont-Thiéville, Paris.

*4321 Eglise Saint-Gervais, Paris.
*4322 Notre-Dame de Paris.
*4323 Le pin, matin blond.
*4324 Les pins, soleil.
*4325 Rue des Lisses, Chartres (dessin).
*4326 Les grands pins, soleil matin.

RIOUX (Henri), né à Bois-Colombes (Seine). — 4, faubourg du Temple, Paris.

*4327 Crépuscule.
*4328 Hendaye (étude).
*4329 Etude de pommier.
*4330 Etude.
*4331 Croquis en couleur.
*4332 Etude.

RIVERA (Diego-M.), né au Mexique. — 7, rue de Bagneux (atelier 8), Paris.

*4333 Le marché aux légumes.
*4334 Le port de la Tournelle.

*4335 Godshuis.
*4336 Reflets.
*4337 Nuit.
4338 La maison sur le pont.

RIVIÈRE (Jules-Maurice), né à Paris. — 54, rue Damrémont, Paris.

*4339 Vases japonais.
*4340 Pommes et œillets.
*4341 Le port de Saint-Briac.
*4342 La garde Guérin (Saint-Briac).
*4343 Marine (Saint-Lunaire)..
*4344 Le décollé (Saint-Lunaire.)

RIZZI (Emile), né à Crémone. — 17, rue Campagne Première, Paris.

*4345 En s'habillant.
*4346 Un modèle.
*4347 L'attente.
*4348 Etude de nu.
*4349 A la glace.

ROBERT (Armand), né à La Ferté-sur-Aube (Haute-Marne). — 4, rue Severo, Paris.

*4350 Cour fleurie.
*4351 Les bords de l'Aube (La Ferté-sur-Aube).

*4352 L'hiver neigeux.
*4353 Bruyères et bouleaux.
*4354 Bruyères et bouleaux.
*4355 Le sentier de l'Echellette.

ROBERT-DELAUNAY, né à Paris. — 15, rue des Saints-Pères, Paris.

*4356 Ville.
*4357 Tom.
*4358 Eglise.
4359 Fleurs: Géranium (appartient à Mme S. V. T.
*4360 Fleurs (étude).
*4361 Fleurs (étude).

ROBERTY (André), né à Paris. — 59, rue Caulaincourt, Paris.

*4362 La treille (Saint-Tropez).
*4363 La place des Lices (Saint-Tropez).
*4364 La Puntche (Saint-Tropez).
*4365 La vieille tour (Saint-Tropez).
*4366 Route de Fontainebleau à Juvisy.
*4367 Route de Fontainebleau à Juvisy.

ROBIN (Maurice), né à Paris. — 9, rue d'Arcole, Paris.

*4368 Vues de Paris (quatre lithographies).
*4369 Golfe du Morbihan (quatre dessins).

*4370 Le Pont-Neuf (lithographie).
*4371 Deux dessins en couleurs.
*4372 La rue du Poteau (dessin en couleurs).

ROBY (Gabriel), né à Bayonne (Basses-Pyrénées). — 48, rue Vavin, Paris.

*4373 Avant l'orage (aquarelle).
*4374 Le Behorlegi (aquarelle).
*4375 La lune sur la mer (aquarelle).
*4376 Couchant (aquarelle).
*4377 Guetaria (aquarelle).
*4378 Pêcheurs au filet (aquarelle).

RODO (Ludovic), né à Paris. — 14, rue Girardon, Paris.

*4379 A Tabarin.
*4380 Portrait.
*4381 Dans un bar.
*4382 Aquarelle.
*4383 Dessin.
*4384 Aquarelle.

ROGERS (Mme Charlotte), née à New-York. — 27 bis, avenue Montsouris, Paris.

*4385 Les saules (pastel).
*4386 Paysage breton (aquarelle).
*4387 Marais en Picardie (pastel).

*4388 Orage en Flandre (aquarelle).
*4389 Marais fleuri (pastel).
*4390 Soir en Bretagne (aquarelle).

ROLL (Marcel-Philippe), né à Paris. — 15 bis, rue Chaptal, Levallois.

4391 Ajaccio.
*4392 Les volets ouverts.
*4393 Au potager.
*4394 Murs roses, murs gris.
*4395 Le coteau vert.
*4396 Le nuage gris.

ROLLIN-JAPHET (Eugène), né à Rouen (Seine-Inférieure). — Avenue Courtin, Joinville-le-Pont.

4397 Bord de la Marne.
4398 Côte Sainte-Catherine, à Rouen.
4399 Croisset, à Rouen.
4400 Intérieur normand.

ROQUES (Mlle Jeanne), née à Paris. — 2, rue Delerue, Grand-Montrouge (Seine).

4401 Portrait de l'auteur.
*4402 Vieille maison, Bois-le-Roi.
*4403 Maison neuve, Bois-le-Roi.

*4404 Entrée de forêt, Bois-le-Roi.
*4405 La génisse.
*4406 Portrait d'Hélène.

ROSENBERG (J.), né à Paris. — 14, rue de Chabrol, Paris.

*4407 Antichambre du Petit-Trianon.
*4408 La console.
*4409 Le canapé.

ROSENSTOCK, né à Strasbourg. — 43, avenue Victor-Hugo, Paris.

*4410 Roses.
*4411 Soucis jaunes.
*4412 Giroflées.
*4413 Roses roses.
*4414 Roses roses.
*4415 Roses jaunes.

ROUART (Ernest), né à Paris. — 235, faubourg Saint-Honoré, Paris.

4416 Enfant sur un cheval.
*4417 Etude de nu.

ROUAULT (Georges), né à Paris. — 14, rue de la Rochefoucauld, Paris.

*4418 Figures décoratives.
*4419 Juge.
*4420 Le bar.
*4421 Juge.
*4422 Paysage.

ROUDNIEFF (Serge), né à Moscou. — 21, boulevard Berthier, Paris.

*4423 Paysage.
*4424 Paysage.
*4425 Paysage.
*4426 Nature morte.
*4427 Nature morte.
*4428 Nature morte.

ROUGEOT (Pierre), né à Paris. — 59, rue de Rivoli, Paris.

4429 Natrue morte.
4430 Nature morte.
4431 Nature morte.
4432 Naturs morte.
4433 Nature morte.

ROUGIE DE BELLOMBRE (Florian), né à Huanne-Montmartin (Doubs). — 76, rue de Grenelle, Paris.

*4434 Paysage de la Franche-Comté.
*4435 Lisière du plateau de Châtillon (Seine).
*4436 Paysage.
*4437 Un météore royal (vision de Noël de l'année 1909).
*4438 Un village (Doubs).
*4439 Avilley (Doubs).

ROUILLON-CARBONNIER (Mme Marie), née au Château du Rû (Seine-et-Marne). — 34, rue Saint-Hilaire, La Varenne (Seine).

4440 Madone.
4441 Portrait de Mme X...
*4442 Jeune fille à la mandoline.

ROUMÉGUÈRE (J.-L.), né à Auch (Gers). — 66, avenue des Gobelins, Paris.

*4443 Lever de lune.
4444 Brume du matin.
*4445 Un gave (effet du soir).
*4446 Coucher de soeil.
*4447 Effet de soleil couchant.
*4448 Lever de lune.

ROUQUET (Mlle Jane), née à Carcassonne. — 3, rue Victor-Hugo, Carcassonne.

    4449 Chrysanthèmes.
*4450 Pommes.
*4451 Le chemin bordé de genêts.
*4452 Forêt de pins à Mimizan.

ROUQUET (Auguste), né à Carcassonne. — 52, rue Dauphine, Paris.

    4453 Portrait de M. A. A...
    4454 Portrait de M. J. P...
    4455 Portrait de jeune homme.
*4456 Paysage audois.
*4457 Paysage dans les Landes.

ROURE (Auguste), né à Avignon. — 12, rue du Petit-Paradis, Avignon.

*4458 Paysage de Provence.
*4459 Le rocher de la Justice et le Rhône
          à Avignon.
    4460 Nature morte.
*4461 Champ de blé mûr.
*4462 Paysage du Bas-Languedoc.

ROUSSEAU (M{ᵐᵉ} Jeanne), née à Paris. — 10, rue Daubigny, Paris.

*4463   Vue du Midi.
 4464   Enfant au piano (appartient à M. R...).
 4465   Etude d'intérieur (appartient à M. C...).
*4466   Fleurs.
*4467   Fleurs.

ROUSSEAU (Henri), né à Laval. — 2 bis, rue Perrel, Paris.

4468   Le Rêve.
> Yadurgha dans un beau rêve
> S'étant endormie doucement,
> Entendait les sons d'une musette
> D'un charmeur bien pensant.
> Pendant que la lune reflète
> Sur les fleurs, les arbres verdoyants,
> Les fauves et autres animaux prêtent
>   [l'oreille
> Aux sons gais de l'instrument.

ROUSSEL-MASURE (Henri), né à Paris. — A l'Ecluse, Pontoise (Seine-et-Oise).

*4469   Vetheuil.
*4470   Inondation.
*4471   Nature morte.
*4472   Route de Saint-Ouen.

ROUSSELET (Etienne), né à Paris. — 3, rue de Sontay, Paris.

*4473 Sourire (crayon).
*4474 Attente (crayon et aquarelle).
*4475 Lecture matinale (crayon et aquarelle).
*4476 Pudeur (crayon, pastel et aquarelle).

ROUSSELET (Jeanne-Marie-Josephe), née à Orléans (Loiret). — 74, rue Notre-Dame, Verneuil-sur-Avre (Eure).

*4477 La rue du Pont-Fort.
*4478 La gueule d'enfer.

ROUSTAN (Emile). — 24, rue Mayet, Paris.

*4479 Femme dans une chaise longue.
*4480 La neige au jardin du Luxembourg.
*4481 La neige au jardin du Luxembourg.
*4482 La neige au jardin du Luxembourg.
*4483 Village au bord de la Seine.
*4484 Fontaine de la Tour-Maubourg.

ROUX (Geo), né à Paris. — 17, quai Valmy, Paris. Atelier : 11 bis, cité Riverin.

*4485 Etude de nu.
4486 Portrait de M. A. P...

*4487 Paysage (Bretagne).
*4488 Les oranges.
*4489 Paysage (Vernon).
*4490 Paysage (Vernon).

ROUX-RENARD (Marius), né à Orange (Vaucluse). — Villeneuve-les-Avignon (Gard), et 51, boulevard Saint-Jacques, Paris.

*4491 Midi sur ma terrasse en Avignon.
*4492 Grenades au soleil.
*4493 Pastèque et raisins (étude).
*4494 Grenades de Provence.

ROY (Fernand), né à Paris. — 32, boulevard Diderot, Paris.

*4495 La mer de Pierres (Jura).
*4496 Les noyers.
*4497 Chemin du bois.
*4498 Matinée.

ROY (Pierre), né à Nantes. — 65, boulevard Arago, Paris.

*4499 Par un temps calme.
*4500 Un Châtelet.
*4501 Une fenêtre ouverte.
*4501 bis Un puits.

ROYER (Pierre-Joseph-Alexandre), né à Rocheservière (Vendée). — 40, boulevard Exelmans, Paris.

*4502 Etang de Lurcine (effet du matin).
*4503 Etang des écrevisses à Viroflay (une matinée).
*4504 Un soir d'automne à l'étang de Ville-d'Avray.
*4505 Lac supérieur du bois de Boulogne (le soir).
*4506 Une matinée de printemps dans le parc de Saint-Cloud.

ROYET (Hyacinthe), né à Avignon (Vaucluse). — 44, rue du Château-d'Eau, Paris.

*4507 Au soleil couchant.
*4508 Coin de table.
*4509 Poésie d'automne.
*4510 La veillée.
*4511 La veillée.
*4512 Le cauchemar.

RUEDOLF (Joseph), né à Malaunay (Seine-Inférieure). — 12, rue Girardon, Paris.

*4513 Pastel.
*4514 Pastel.
*4515 Pastel.
*4516 Pastel.
*4517 Pastel.
*4518 Pastel.

RUIZ (Cristobal), né à Villacarillo (Espagne). — 7, rue Belloni, **Paris.**

 ***4519** Portrait.
 4520 Portrait.
 ***4521** Paysage.
 ***4522** Paysage.
 ***4523** Paysage.

RUIZ (Mme Lola de), née à La Havane. — 27, rue Tronchet, Paris.

 ***4525** Comin Thro' the Rye.
 4526 Portrait de Mme M. H...

RUMBOLD (Hugo), né à Stockholm. — 58, rue Demours, Paris.

 ***4527** Etude de femme en plein air.
 ***4528** Marine (les mouettes).
 4529 Marine.
 ***4530** Village italien.
 ***4531** Nocturne (dans le Midi).

RUNGE (Mme Fanny), née à Brême (Allemagne). — 139, boulevard Saint-Michel, Paris.

 4532 Portrait de Mme S...
 ***4533** Intérieur.
 ***4534** Nature morte.
 ***4535** Paysage.

RUSZNAK (Nandor), né à Losoucz (Hongrie). — 2, passage de Dantzig, Paris.

*4536 Rue de Vanves.
*4537 Issy.
*4538 Paysage.
*4539 Vieille cour à Vanves.
*4540 Allée de jardin.
*4541 Jugement de Pâris (Panneau décoratif).

SABATIER (Charles), né à Salon (Bouches-du-Rhône). — 129, rue Sainte, Marseille (B.-du-R.).

*4542 Le régime médiocratique.
*4543 Environs d'Aix (Ste-Victoire).
*4544 Cabanon (Environs d'Aix).
*4545 Tubier (Septèmes).
*4546 Foresta (St-Antoine).
*4547 Chemin à Septèmes.

SAIN DE HEERS (Emilie), née à Nanterre (Seine). — 52, rue de Larochefoucauld, Paris.

*4548 Effet du matin (Capri).
*4549 Une rue à Anacapri (Italie).
*4550 Le laurier rose (Capri).
*4551 Cour de maison (Capri).

SAINT-CÉNERI (Joseph), né à Paris. — 2, rue des Huissiers, Neuilly-sur-Seine.

*4552 Etang de la Taille (Cotentin).
*4553 Moulin de la Taille (Cotentin).
*4554 Nature morte.
*4555 Cap Carteret (Cotentin).
*4556 Iris et faux ébéniers.
*4557 Pavots marins.

SAMSON (Gustave), né à Granville (Manche). — 63, rue des Juifs, Paris.

*4558 Le Thur à Bouillon (Manche).
*4559 Pommiers en fleurs (paysage).
*4560 Sur la plage.
*4561 Au travail.
*4562 Nature morte.
*4563 Effet du soir (fusain).

SAMSON (René), né à Mortefontaine (Aisne). — 7, rue Bridaine, Paris.

*4564 Orgeval (Seine-et-Oise).
4565 Intérieur de ferme à Marival (Aisne).
4566 Trouville (Les Roches Noires).
*4567 Scierie à Maizières (Haute-Saône).
*4568 Un coin du parc à Saint-Cloud.
*4569 La plage de Lion-sur-Mer (Calvados).

SANDOZ (Alfred), né à Genève (Suisse). — Chez M. Alfred Sandoz, Cartigny, près Genève.

*4570 Après la pluie.
*4571 Reflet (soleil couchant).

SARDIN (Albert), né à Arcis-sur-Aube. — 13, rue de l'Yvette, Paris.

*4572 Matin à Chaville.
*4573 Intérieur.
*4574 Etude à Issy.
*4575 Route de Jouy.
*4576 Etude à Viroflay.

SARRUT (Paul-Camille-Georges), né à Grenoble. — 33, rue du Ranelagh, Paris.

*4577 Etude.
*4578 Intérieur.
4579 Croquis et portraits.
*4580 Notre-Dame.
*4581 Lumière matinale (Cévennes).
*4582 Marine (Palavas).

SARTON (Victor), né à Paris. — 11 bis, rue Mansart, Paris.

4583 Portrait (pastel).

SAUNIER (Edouard), né à Paris. — 54, rue Notre-Dame-de-Lorette, Paris.

 4584 Portrait de Maurice Dekobra (esquisse).
 4585 Figure.
*4586 Le quai (St-Valéry-en-Caux).

SAUREL (Marc), né à Nimes. — 23, boulevard Gouvion-Saint-Cyr, Paris.

*4587 Baie de Perros (Bretagne).
*4588 Etude à Perros.
*4589 Dégel.
*4590 L'île de la Jatte (automne).
*4591 Neige.
*4592 Neige.

SAUSSE-JALLIET (Mme Anny-Denise), née à Paris. — 45, rue du Ranelagh, Paris.

*4593 Les faïences (dessin rehaussé de couleurs).
*4594 Les objets précieux (dessin rehaussé de couleurs).
*4595 Nadine (crayon et bistre).
*4596 Fillette lisant (sanguine).
*4597 Renée (sanguine).
*4598 Les Anémones (vase, cire perdue).

SAUVÉ (Elie), né à Moret. — Rue de l'Electricité, Moret (Seine-et-Marne).

*4599 Effet de neige.
*4600 Effet de Neige.
*4601 Montigny (la gravine).

SAVARD (Joseph), né à Paris. — 2, rue Jean-Bologne, Paris.

*4602 Rocher à Ploumanach.
*4603 Chemin de ferme en Bretagne.
 4604 Portrait.
*4605 Crique de Pors Roland.
*4606 Chemin creux dans la Lande.
*4607 Etude.

SCHMITZ (Camille-Robert), né à Milan. — 2, rue Théophile-Gautier, Paris.

4608 Portrait de Mme S...
4609 Plein ciel.
4610 Œillets.
4611 Œillets.
4612 Etude.
4613 Per Mortem ad Gloriam (ou la mort du Rapin).

SCHMIDT-WEHRLIN (Emile), né à Glaris (Suisse), de parents français. — Lezaven à Pont-Aven (Finistère).

    *4614 Aux aguets.
    *4615 Coin de marché à Pont-Aven.
    *4616 Noce bretonne.
    *4617 Battage au fléau.
    *4618 A l'abreuvoir.
    *4619 L'attente.

SCHNERB (J.-F.), né à Avignon. — 17, avenue de la Motte-Picquet, Paris.

    *4620 Ulysse et Leucothée.
    *4621 Le roi David.

SCHŒNWALD (Marianne), née à Vienne (Autriche). — 21, rue Henri-Monnier, Paris.

    *4622 En Californie.
    *4623 En Californie.
    *4624 Parc du Trianon.
    *4625 Affiche.
    *4626 Affiche.

SCHREIBER (Georges), né à Paris. — 3, rue Jules-César, Paris.

    *4627 Rue des Havas (Athis-Mons).
    *4628 Bords de l'Orge (Athis-Mons).

*4629 Matinée de janvier 1910, rue de Lyon.
*4630 Bouquet de lilas.
*4631 Paysage (étude).
*4632 Paysage (étude).

SCHREIBER (Paul), né à Paris. — 25, place Vendôme, Paris.

4633 Paysage.
4634 Vue de Mijoux (Jura).
4635 Vue de Mijoux (Jura).
4636 Etude de nu.

SCHUH (Joseph), né à Losheim. — 41, rue Taitbout, Paris.

*4637 Chalutier à marée basse.
*4638 Chantiers de Boulogne.
*4639 Etude de fruits.
*4640 Salines aux Sables d'Olonne.
*4641 Etude de barque.

SCHULMANN (Léon), né à Vitebsk (Russie). — 15, rue Froideveaux, Paris.

*4642 La première force russe.
*4643 La deuxième force russe.
*4644 Nous, artistes indépendants.

*4645 Les variations (triptyque).
*4646 Etude.
4647 Mon professeur en vacances.

SCHUTZENBERGER (R.), né à Mulhouse (Haut-Rhin). — 2, rue Aumont-Thiéville, Paris.

*4648 La femme au chat.
*4649 Derrière chez mon père, « y a z-un pommier doux ».
*4650 L'ombre des ormeaux.
*4651 Temps gris sur la vallée.
4651 bis Le chemin du village.

SCHWAB (Hélène), née à Baume-l.-Dames (Doubs) — 56, rue de Strasbourg, Vincennes.

*4652 Nature morte.
*4653 Une vague.
*4654 Bateaux.
*4655 Barques de pêche.
*4656 Pastel (Clair de lune).

SCHWANEBACH (Théodore de), né en Russie. — 3, rue Campagne-Première, Paris.

*4657 Ruines.
*4658 Paysage.

*4859 Nature morte.
*4660 Etude d'automne.
*4660 bis Etude d'hiver.

SCHWETTE (Alex.), né à Riga (Livonie). — 76, rue Dutot, Paris.

*4661 Nature morte.
*4662 Crépuscule d'hiver.
*4663 Le soir.
*4664 Marché.
*4665 Le malade.
*4666 Dessins.

SCOSSA (Ferdinand), né à Paris. — 190 ter, boulevard Malesherbes, Paris.

*4667 L'île d'Amour (Argenteuil).
*4668 Parc de Saint-Cloud.
*4669 Environs de Plombières (Vosges).
*4670 Le Wetterhorn (Suisse).
4671 Vue prise dans un parc.

SÉAILLES (Mme Paul), née à Douai. — 276, boulevard Raspail, Paris.

*4672 Environs d'Alger.
*4673 Environs d'Alger.
*4674 Environs d'Alger.

*4675 Environs d'Alger.
*4676 Environs d'Alger.
*4677 Environs d'Alger.

SEGNO (Mlle Sophie), née à Varsovie. — 9, rue Campagne-Première, Paris.

Rénovation de l'art byzantin :

*4678 Une idylle.
*4679 Tête de femme.
*4680 Paysage.
*4681 Paysage.
*4682 Une fillette.
*4683 Une fillette.

SÉGUIN (Arsène-Gilles), né à Saint-Malo. — 10, rue des Buissons, La Garenne-Colombes.

*4684 Clairière (coucher de soleil).
*4685 Marine (côtes de Bretagne).
*4686 Falaise (coucher de soleil.)

SÉGUIN-BERTAULT, né à Paris. — 68, rue d'Assas, Paris.

*4687 Bassin du Luxembourg.
*4688 Le printemps (jardin du Luxembourg).

*4689 Paysage.
*4690 Le Pont Neuf (pastel).
*4691 Paysage (pastel).
*4692 Paysage (pastel).

SÉLIGMANN (A.-O.), né à Carlsruhe. — Le Pouldu en Clohars-Carnoët (Finistère).

*4693 Vaches dans les dunes.
*4694 Du haut de la falaise.
*4695 Vaches sur la côte.
*4696 Saules sur la côte.
*4697 Soleil d'hiver.

SELLIER (Paul), né à Paris. — 42, rue Mathurin-Régnier, Paris.

*4698 L'église de Trappes (aquarelle).
*4699 La distillerie de Trappes (aquarelle).
*4700 Vue de Troyes en Champagne (aquarelle).
*4701 Un village en Haute-Marne (aquarelle).
*4702 Entrée de village en Haute-Marne (aquarelle).
*4703 La Terrasse du Donjon à Chaumont (aquarelle).

SELMERSHEIM (J.-P.), né à Paris. — 7, villa du Roule, Neuilly-sur-Seine.

    4704 Etude.
    4705 Etude.
    4705 bis Etude.
    4706 Etude (fleurs).

SÉON (Alexandre), né à Chazelles-sur-Lyon (Loire). — 11, rue Yvart, Paris.

    *4706 bis La mer (rochers roses à l'ile de Bréhat).
    *4707 La mer (soleil couchant).
    *4708 La mer (crépuscule).
    4709 La mer (soir après l'orage (appartient à M. C...).
    *4710 Ariane.
    *4711 Contemplation.

SERIEIS (Félix), né à Magalas (Hérault). — 27, rue de Citeaux, Paris.

    4712 Marmito (étude).
    4713 Un dernier effort.
    *4714 Coucher de soleil (dans la Somme).
    *4715 Lavandières au moulin vieux (Béziers).

SERREPUY (J.), né à Pierrelatte (Drôme). — 26, rue des Belles-Feuilles, Paris.

*4716   Paysage dans la Drôme (matin).
*4717   Bruyères en fleurs.
*4718   Bruyères (le matin).
*4719   Clair de lune.
*4720   Coucher de soleil.
*4721   Clair de lune.

SÉRUSIER (Paul), né à Paris. — Châteauneuf-du-Faou (Finistère).

*4722   Soir parisien.
*4723   Synchromie rustique.
4724   Synchromie au mimosa (appartient à M. M. L...)
4725   Synchromie aux œillets rouges (appartient à M. M. L...)

SERVAL (Maurice), né à Douai (Nord). — 1, boulevard Exelmans, Paris.

*4726   Le Pont Neuf (pastel).
*4727   Grand lac du Bois de Boulogne (pastel).
*4728   Petit lac du Bois de Boulogne (pastel).
*4729   La porte de Billancourt pendant l'inondation (pastel).
*4730   Marine (Quiberon) (pastel).
*4731   Clair de lune (Quiberon) (pastel).

SÉVERINI (Gino), né à Rome. — 22, rue Turgot, Paris (Théâtre de l'Œuvre).

 4732 Portrait de Mme C...
*4733 L'avenue Trudaine.
 4734 Portrait de Mlle Y... (pastel).
*4735 Fileuse (pastel).
*4736 Mendiante en Poitou (pointe sèche).
*4737 Tricoteuse en Poitou (pointe sèche).

SHAW (Allie-Marie), née en Angleterre. — 78, rue d'Assas, Paris.

*4738 Boulevard Arago.
*4739 Intérieur.
*4740 Une étude.
*4741 Arcet Montaut.
*4742 Un jardin du Midi.
*4743 Montaut.

SHORE-BETHEA (E.), née aux Indes-Anglaises. — 40, Rossetti Garden Mansions, Chelsea, Londres.

*4744 Au printemps.
*4745 Le kimono bleu.

SIEDLECKA (Mlle Viga de), née en Pologne. — 8, rue de la Pompe, Paris.

*4746 Nu.
*4747 Paysage.

*4748 Paysage.
*4749 Paysage.
*4750 Tulipes.
*4751 Enfant jouant.

SIGNAC (Paul), né à Paris. — 16, rue Lafontaine, Paris.

4752 Le port de Gênes (appartient à M. Bernheim).
4753 Le Pin de Bertrand (appartient à M. Bernheim).
4754 Le Cap d'Antibes (appartient à M. Druet).
4755 Avignon (matin), appartient à M. Druet.
4755 bis Marseille (aquarelle).

SILZ (Mlle Edith), née à Nantes (Loire-Inférieure). — 24, rue Pierre-Charron, Paris.

*4756 Intérieur.
*4757 Fleurs.
*4758 Paysage.
*4759 Paysage.
*4760 Etude de mer.

SIMON (Mlle Mélanie-Blanche), née à Paris. — 25, rue Montbrun, Paris.

*4761 Paysage.
*4762 Paysage.
*4763 Marine.

SIMON (Jacques), né à Paris. — 4, rue Coetlogon, Paris.

    *4764 Nocturne.
    *4765 Nocturne (avec figure).
    *4766 Paysage.
    *4767 Paysage avec figures.
    *4768 Etude.
    *4769 Etude.

SIMON (Maxime), né à Paris. — 22, rue Denfert-Rochereau, Paris.

    *4770 La vieille ferme à Morgny (Eure).
    *4771 Nature morte.

SIMONNET (Mlle Jeanne), née à Paris. — 3, rue des Rouillis, Sèvres (Seine-et-Oise).

    *4772 Paimpol.
    *4773 Cabanes de pêcheurs.
    *4774 Les huitrières de Gujan.
    *4775 Cabanes de pêcheurs.

SIMONOVITCH-EFIMOVA (Mme Nina), née à Saint-Pétersbourg. — 33, boulevard des Invalides, Paris.

    *4777 En Russie.
    *4778 Eau-forte.

*4779 Eau-forte.
*4780 Gravure sur bois.
*4781 Gravure sur bois.
*4782 Eau-forte.

SLAVONA (Maria), née à Lubeck. — 10, avenue de Villars, Paris.

*4783 Les vergers (soir).
*4784 Coin de villa.
*4785 Kahlhovst, près Lubeck (effet de neige).
*4786 Fleurs.

SMELOFF (Paul), né en Russie. — 99, avenue du Maine, Paris.

*4787 Le soleil.
*4788 La nuit.
4789 Nature morte.
4790 Clair du soir.
*4791 Le soir.
4792 Projet de vitrail.

SOSSON (Henri-Victor-Léopold), né à Paris. — 44, rue Compans, Paris.

*4793 Bièvres (panorama de Vauboyen et aqueduc de Buc).
*4794 Bièvres (coin du parc).

*4795 Châtelaillon, vers les Bouchôleurs (parc aux huîtres).
*4796 Bièvres (vue prise du cimetière).
*4797 Eglise de Vauhallan (abside).
Eglise de Vauhallan (façade).

SOUPLET (Fernand), né à Paris. — 72, avenue de Villiers, Paris.

*4798 Orchidées (aquarelle).
*4799 Fleurs (effet de neige).
*4800 Fleurs et paysage, parc Monceau (aquarelle).
*4801 Œillets (étude), aquarelle.
*4802 Etude (Versailles).
*4803 Chrysanthèmes (effet d'automne).

SPIRO (Girella). — 9, rue Campagne-Première, Paris.

*4804 Une fillette.
*4805 Tête d'enfant.
*4806 Une fillette.

STAPFER (Henri), né à Tours (Indre-et-Loire). — — 38, rue Bonaparte, Paris, chez M. Blanchet.

*4807 Paysage à Biskra.
*4808 Etude à Biskra.

*4809 Effet du soir (Constantine).
*4810 Effet de matin (Constantine).
*4811 Etude à Biskra.
*4812 Etude à Biskra.

STARKE (Konrad). — 13, rue Leverrier, Paris.

*4813 Femme nue.
*4814 Midi en Flandre.
*4815 Etude de nu.
*4816 Bouquet de lilas.
*4816 bis Fleurs de printemps.

STERN (Pierre-Charles), né à Neuilly-sur-Seine. — 3, boulevard Suchet, Paris.

*4817 Au Traghetto.
*4818 Etude de tête.
*4819 Œillets rouges.
*4820 Œillets roses.
*4821 Pivoines.
*4822 Azalées et tulipes.

STETTLER (Marthe), née à Berne (Suisse). — 84, rue d'Assas, Paris.

*4823 La promenade.
*4824 Le parc.
*4825 La visite.

*4826 Automne.
*4827 Aux Tuileries.
*4828 La verandah.

STRAUS (Victor), né à Kreuzmach (Allemagne). — 48, avenue Kléber, Paris.

*4829 Portrait.
*4830 « La Boule » aux Variétés.
*4831 « Poule faisane ».
4832 Caricatures.
4833 Trois croquis (A).
4834 Trois croquis (B).

STREIB (Georges), né à Paris. — 4, rue Beaunier, Paris.

*4835 L'Aïeule.
*4836 La lecture interrompue.
*4837 La petite ouvrière.
*4838 Neuilly-sous-Clermont (Oise).

STUCKGOLD (Stanislas), né en Pologne. — 107, avenue du Maine, Paris.

4839 Nature morte.
4840 Nature morte.

4841 Portrait de femme.
4842 Motif du Lac de garde.
4843 Nu.
4844 Un capitaine hongrois de 1848.

SVASTA, né à Prague. — 6, rue du Banquier, Paris.

*4845 Napoléon à Waterloo.
*4846 Une fable.
*4847 Le bon rosier.
*4848 Les pins.

SYLVANY (Michel), né à Paris. — 117, rue Notre-Dame-des-Champs, Paris.

4849 Le fantôme.
4850 La fille de Saturne.
4851 Les promesses.
4852 Athée.

SZERER (Félicia), née en Pologne. — 3. bis, rue Rosa-Bonheur, Paris.

*4853 Jeune fille.
*4854 Jeune fille (dessin).

TAQUOY (Maurice), né à Mareuil-sur-Ay (Marne).
— 7, rue Bonaparte, Paris, et Chartrettes (Seine-et-Marne).

*4855 Le chêne.
*4856 Les bouleaux.
*4857 L'Eglise.
*4858 La route de Bourgogne.
*4859 Brouillard en forêt.
*4860 Sapins et bouleaux (contre-jour).

TARKHOFF (Nicolas), né à Moscou. — 6, place du Maine, Paris.

4861 Dans le berceau.
4862 Maternité.
*4863 Chèvre.
*4864 Neige.
*4865 Baigneurs.
*4866 Etude.

TASSENCOURT (Maurice), né à Amiens (Somme).
— 8, rue de la Grande-Chaumière, Paris.

*4867 Le labour.
*4868 Etude de chevaux.
*4869 Fin de jour.
*4870 Crépuscule.

TATIN (Emile), né à Marseille. — 11, rue Pasteur, Paris.

    *4871 L'Eure et le pont de la Ferté à Maintenon.
    *4872 Vieux moulin à Angicourt (Oise).
    *4873 Marais de la Zône à Rieux (Oise).
    *4874 Mare en sous bois (Villers-Saint-Paul). Oise.
    *4875 La Brêche, à Villers-Saint-Paul (Oise).
    *4876 Effet d'automne.

TAVERNIER (Hippolyte), né à Lyon. — 68, rue d'Assas, Paris.

    4877 Nature morte.
    4878 Violon (nature morte).
    *4879 Nature morte.
    4880 Portrait.
    4881 Portrait.

TCHOUYCO (Michel), né en Russie. — Chez M. Tchinarsny, 92, rue Daguerre, Paris.

    *4882 La ronde sur la neige.
    *4883 Les fileuses.
    *4884 Le carnaval slave (trois panneaux décoratifs).
    *4885 Le vieux jardinier.

TEDESCHI (Mlle Marguerite), née à Paris. — Rue Johnson, Maisons-Laffitte.

*4886 Les ramasseuses de goémon.
*4887 Etude de fillette.
*4888 Procession de Penmach.
*4889 Pardon de Tronoan.
*4890 Avant le bain.
*4891 Sur la plage.

TERRUS (Etienne). — Elne (Pyrénées-Orientales).

*4892 Paysage (environs d'Argelès).
*4893 Vue d'Elne (effet du matin).
*4894 Plage du Racou (Argelès).
*4895 Marine (plage d'Argelès).

TÉTARD (Mme Blanche), née à Dijon. — 3, villa Brune, Paris.

*4896 Une bonne pipe au jardin.
*4897 Jeune femme (pastel).

TETTERMAN (Mlle Catherine de). — Chez M. Castelucho, 16, rue de la Grande-Chaumière, Paris.

*4898 Nature morte.
*4899 Pommes.

*4900 Etude.
4901 Etude.
4902 Paysage.

THÉLÈNE (Antoine-Sylvain), né à Sisteron (Basses-Alpes). — 52, rue de Saint-Germain, Bezons (Seine-et-Oise).

*4903 *a)* Falaises et phare du Tréport.
b) Le Tréport et Mers.
c) Falaises du Bois-de-Cise d'Ault et Onival (Somme).
d) Causette à l'entrée du village, Wieville (Somme).

*4904 *a)* Eglise de Sartrouville (S.-et-O.) soleil couchant.
b) Val Notre-Dame et Cormeille-en-Parisis (S.-et-O.).
c) Matinée d'été à Sartrouville (S.-et-O.).
d) Lisière de bois dans la Mayenne.
*4905 Taillis de la Vaucelles, Villaines-la-Juhel (Mayenne).
*4906 Ruines du château de Villaines-la-Juhel (Mayenne).
*4907 Un coin de Saint-Georges, Villaines-la-Juhel (Mayenne).
*4908 Repos à l'ombre.

THESING (Paul), né à Antholt (Allemagne). —
3, rue Campagne-Première, Paris.

  *4909 Paysage.
  *4910 Nature morte.
  *4911 Dessins.
  *4912 Dessins.

THIBAULT (Marcel-Félix-Henri), né à Paris. —
22, rue de Chazelles, Paris.

  *4913 Effet de soleil couchant (Sables-d'O-
     lonne).
  *4914 Le port au coucher du soleil (Sables-
     d'Olonne).
  *4915 Déchargement d'un paquebot.
  *4916 Soldat mobile (1871).
  *4917 Le bassin des vapeurs charbonniers
     (Sables-d'Olonne).
  *4918 Etude du port pêcheur (Sables-d'Olon-
     ne).

THIBÉSART (Raymond), né à Bar-sur-Aube. —
Chemin de la Ferme, Champigny-sur-Marne
(Seine).

  *4919 Effet de neige (bords de la Marne).
  *4920 Bords de la Seine (couchant).
  *4921 Bords de la Marne (matin).
  *4922 Effet de lune.

THIÉBAULT (Henry), né à Paris. — 113, avenue de Saint-Mandé, Paris.

*4923 La vallée du Suller, près Loctudy.
*4924 Les gorges de Melgoen.
*4925 Avant le départ.
*4926 Intérieur breton.
*4927 Les gorges de l'Elle.
*4928 Le vieux moulin de Lesneven.

THIÉRY-BENOIT (Henriette), née à Paris. — 77, avenue des Lilas, Pré-Saint-Gervais (Seine).

*4929 Cigale.
*4930 Extase.

THIOLLIER (Mlle Claude-Emma), née à Saint-Etienne. — 28, rue de la Bourse, Saint-Etienne (Loire).

*4931 Le chemin de la montagne.
*4932 Fantômes.
*4933 Novembre.
*4934 Allée de jardin en octobre.
*4935 Temps neigeux.
*4936 Commanderie de Verrières.

THOMAS (Pierre), né à Limoges). — 1, chemin de la Borie, Limoges (Haute-Vienne).

*4937 Port de Royan.
*4938 Rue de Thiviers.
*4939 Haut: chemin aux genêts; bas: environs de Royan (dans un seul cadre).
*4940 Tomates.
*4941 Village Limousin.
*4942 Bateau.

THOMAS (Jean), né à Marseille. — 52, rue de Bourgogne, Paris.

*4943 Etude.
*4944 L'écharpe rouge.
*4945 Les oranges.
*4946 Femme endormie.
*4947 Paysage.
*4948 Paysage.

THORNDIKE (Charles), né à Paris. — 26, rue Friant, Paris.

*4949 Paysage de Bretagne.
*4950 Bateaux de Loguivy.
*4951 Paysage.
*4952 Etude.

TIRARD (Andrée), née à Croissy. — 112, boulevard Malesherbes, Paris.

*4953 Etude.
*4954 Etude.
*4955 Etude (aquarelle).
*4956 Sapins au Feldberg.
*4957 Coucher de soleil.
*4958 Coucher de soleil.

TIRMAN (Mlle Jeanne-Henriette), née à Charleville (Ardennes). — 22, rue de l'Yvette, Paris.

*4959 Réflexion.
*4960 Le Ploy.
*4961 Collines ardennaises.
*4962 Entrée de village.
*4963 Les châtaigniers.
*4964 Nature morte.

TIXIER (Daniel), né à Châteauroux (Indre). — 7, rue Lakanal, Grand-Montrouge (Seine).

*4965 Le matin.
*4966 Porteuse d'herbes.
*4967 Le corset.
*4968 Baigneuse.
*4969 Premiers pas.
*4970 Sous les pommiers.

TORENT (Evelio), né à Badalona (Espagne). — 20, rue des Martyrs, Paris.

*4971 Guinguette en Espagne.
*4972 Guitariste gitan.
*4973 Le Boléro (fusain).
*4974 Une danse dans la prairie.
*4975 Famille sévillane (pastel).
*4976 Rosarito (pastel).

TORNIER (Pierre), né à Paris. — 57, rue de Dunkerque, Paris.

*4977 Fleurs.
*4978 Fleurs.
*4979 Fleurs.
*4980 Fleurs.
*4981 Fleurs.
*4982 Fleurs.

TRAFER (Marius), né à Cambrai (Nord). — Ciboure (Bordagain) (Basses-Pyrénées).

*4983 Tuilerie sur la Nivelle.
*4984 Port des pêcheurs à St-Jean-de-Luz.
*4985 Vallée de la Rhune, Accost (Basses-Pyrénées).

TRASTOUR (René), né à Bellevue (Seine-et-Oise). — 80, rue de Rennes, Paris.

 4986 Haras de Bel-Ebat.
 4987 Antibes.
 4988 Dourdan.
 4989 Golfe de la Salice.
 4990 Jardin de banlieue.

TRÉBICKY (Emile-Charles), né à Prague (Autriche). — 3, rue Campagne-Première, Paris.

 *4991 Nature morte.
 *4992 Paysage (quai de Montebello).
 *4993 Paysage (La Seine pendant la crue).
 *4994 Etude de paysage.
 *4995 Croquis.

TRÉBILLON (Valentin), né à Villequiers (Cher). — 68, rue Monge, Paris.

 *4996 Les belles fontaines, Juvisy-sur-Orge.
 *4997 Le lac de Longchamp.
 *4998 Un chat fauve.
 *4999 Intérieur d'écurie (souvenir du Berry).

TRIBOUT (Geo), né à Paris. — 4 *bis*, rue de Montretout, Saint-Cloud.

 *5000 Frise.
 *5001 Frise.

*5002 Nature morte.
*5003 Femme à la toilette.

TRIQUIGNEAUX (Louis), né à Paris. — 70, quai de l'Hôtel-de-Ville, Paris.

5004 Notre-Dame (dessin).
5005 Le Panthéon (dessin).
5006 Etude.
5007 Deux dessins.
5008 Le pont Marie.
5009 Etude.

TROCHAIN (Fernand), né à Rueil (Seine-et-Oise). — 71, rue de Normandie, Courbevoie.

*5010 Barques au mouillage (Concarneau).
*5011 Effet d'orage (Bretagne).
*5012 Le Lamzeau (Bretagne).

TROUBLÉ (Georges), né à Paris. — 37, avenue du Roule, Neuilly.

*5013 Le départ de Tobie.
*5014 Dans les bois.
*5015 Octobre en forêt.
*5016 Octobre en forêt.
5017 Port de Granville.
*5018 Porte de ferme.

TROUVILLE (Henri). — 26, route de Rouen, Saumur (Maine-et-Loire).

*5019 Un chemineau.
*5020 Menu.
*5021 Menu.
*5022 Tête de paysan.
*5023 Tête de paysan.

TULLAT (Victor), né à Paris. — 7, rue Rivay, Levallois-Perret (Seine).

*5024 Intérieur d'un parc (paravent).
*5025 Sous bois (entourage de fleurs).
*5026 Le concert du soir à l'Hôtel de Ville de Levallois).

TURIN, né à Paris. — 12, rue des Pyramides, Paris.

*5027 Torre del Greco.
*5028 Florence.
*5029 Baie de Naples.
*5030 Torre del Greco.
*5031 Ravello (fontaine des lions).
*5032 Pouzzoles.

URBAIN (Alexandre), né à Sainte-Marie-aux-Mines. — 21, quai de Bourbon, Paris.

*5033 Paysage (La Vallée).
*5034 Paysage (Les-Nymphes).

*5035 Paysage (La Fontaine).
*5036 Etude.
*5037 Etude.
*5038 Etude.

URIET (Henri-Albert), né à Fontenay-sous-Bois. — 22, rue Mauconseil, Fontenay-sous-Bois (Seine).

*5039 Matinée d'avril.
*5040 Vieilles maisons.
*5041 Lever du jour (Allemagne).
*5042 Matinée de juillet.
*5043 Temps gris.
*5044 Chemin dans les champs.

URTIN (Paul-François-Marie), né à Grenoble. — 33 bis, boulevard de Clichy, Paris.

5045 Portrait de ma mère.
*5046 La retouche personnelle.
*5047 Soleil couchant.
*5048 Après l'orage.

VAILLANT (Pierre-Henri), né à Paris. — 7, rue de Bagneux, Paris.

*5049 La communiante (Quimper).
*5050 Les lavoirs.
*5051 Le barrage.

*5052 Etude (fillette).
*5053 Ferme (étude).
*5054 La cathédrale.

VAILLANT (Eugène-Jean), né à Condé-sur-Sarthe (Orne). — 37, rue de Chaillot, Paris.

5055 Portrait de André Vaillant (dessin à la plume).
5056 Portrait de Mme Gustave Van L... (dessin à la plume).
5057 Portrait de Mlle V. T... (dessin à la plume).
5058 Portrait de Mme Maximilien L... (dessin à la plume).
5059 Portrait de Mme Fanny B.... (dessin à la plume).
5060 Portrait de M. J. B. J... (dessin au crayon).

VALADE (Louis), né à Niort (Deux-Sèvres). — 13, rue Grange-aux-Belles, Paris.

*5061 La branche.
*5062 Chaumière picarde (effet de neige).
*5063 Moulin de Douve.
*5064 Environs de Torcy.
*5065 Etude.
*5066 Canal Saint-Martin.

VALENSI (Henry), né à Alger. — 57, boulevard Pereire, Paris.

 5067 Bords de l'Allier par brouillard.
*5068 Quai du Rosaire à Bruges.
 5069 Arbre à Saint-Corentin.
 5070 Arbre à Saint-Corentin.
*5071 Notre-Dame au printemps.
*5072 Chapelle du Béguinage à Bruges.

VALLE (Evaristo), né à Gijon (Espagne). — 7, rue Belloni, Paris.

*5073 Portrait de Dôna Marciana Fernandez de Quiros.
*5074 Garcia.
*5075 Lucas.
*5076 Teresa.

VALLÉE (Ludovic), né à Paris. — 23, rue de la Glacière, Paris.

*5077 La plage de Saint-Pierre-en-Port.
*5078 Novembre (parc Montsouris).
*5079 L'avenue des Gobelins au printemps.
*5080 Etude.
*5081 Les saules pleureurs (parc Montsouris).
*5082 Etude.

VALLET (François-Emmanuel). — Maison de retraite, à Chevreuse (Seine-et-Oise).

*5083 Arbres (soleil levant).
*5084 La colline.
*5085 Le talus.
*5086 Dans la plaine.
*5087 Le mur (printemps).
*5088 Prunier en fleurs.

VALLIN-HEKKING (Aug.), né à Nancy. — Maxéville, Nancy.

*5089 Le roulage.
*5090 Le Geulard.
*5091 Le Concasseur.
(Panneaux faisant partie d'une grande frise décorative ornant un pavillon métallurgique).

VALLOMBREUSE (Henry de), né à l'Ile de la Réunion. — 36, rue Jouffroy, Paris.

*5092 Nature morte (pommes).
*5093 Nature morte (raisins).
*5094 Nature morte (fleurs).
*5095 Paysage.

VALTAT (François-Victor), né à Paris. — 17, rue de Montebello, Versailles (Seine-et-Oise).

 5096 Jardin (effet de neige).
 5097 Jardin (effet d'hiver).
 5098 Jardin (effet d'hiver).

VALTON (Edmond-Eugène), né à Paris. — 5, rue Saint-Vincent, Maule (Seine-et-Oise).

 *5099 Au soir.
 5100 Mon beau-frère (portrait).
 *5101 A Boulogne (1804).
 *5102 A Calais en 1909.
 *5103 Le chemin creux.
 *5104 Le bateau à vapeur.

VAN COPPENOLLE, né à Montigny-sur-Loing. — Montigny-sur-Loing (Seine-et-Marne).

 *5105 La prairie.
 *5106 Femme cousant.
 *5107 La rivière.
 *5108 Le Loing.
 *5109 L'homme dans les champs.
 *5110 Crue du Loing.

VAN RYSSEL (Louis), né à Auvers. — Auvers-sur-Oise (Seine-et-Oise).

 *5111 Pivoines.

VAN DE VELDE (Louis-.C), né à Lille. — Villa Alix, à Camon (Somme).

*5112 Le Mont St-Michel (vue de la digue).
*5113 Le Mont Saint-Michel (côté nord-est).
*5114 L'inondation (ile Saint-Denis).
*5115 La falaise de Saint-Jean-le-Thomas.
*5116 Le Mont St-Michel (vu d'Avranches).
*5117 La Sée à Avranches.

VASNIER (Charles), né à Caen. — 26, rue Poncelet, Paris.

*5118 Le billet doux (pastel).
*5119 Coquetterie (pastel).
*5120 Le miroir (pastel).
*5121 La robe rose (pastel).
*5122 Indolence (pastel).
*5123 Femme à l'éventail (pastel).

VASSILIEFF (Mlle Marie), née à Saint-Pétersbourg. — 33, boulevard des Invalides, Paris.

*5124 Symphonie de cygnes.
*5125 Nature vivante.
*5126 Harmonie d'âmes.
*5127 Symphonie de tons.
*5128 Symphonie de couleurs.
*5129 Une Espagnole.

VASTICAR (Germaine-Antoinette), née à Valenciennes (Nord). — 17, Hogarth Road. Earls Court. London (England).

 *5130 Cheminée artistique chêne avec panneaux, aquarelle sous verre (coucher de soleil sur mer).
 *5131 Placard de coin chêne avec panneau, aquarelle sous verre (coucher de soleil sur mer).
 *5132 Guéridon chêne avec écran décoré panneaux aquarelle sous verre (coucher de soleil sur mer).

VAZQUEZ DIAZ (Daniel), né à Nerva (Espagne). — 85, rue Lamarck, Paris.

 *5133 Type de toréador.
 *5134 Toréador (toilette).
 *5135 Carmencita.
 *5136 Le fils du paysan (Espagne).
  5137 Danseuse (Paris).
 *5138 La nuit à Paris (place de l'Opéra).

VAUTHRIN (Ernest), né à Rochefort-sur-Mer. — 16, rue Copernic, Paris.

 *5139 Moulin près Penmarch (Finistère).
 *5140 Le pont fleuri (Quimperlé).
 *5141 Maison au bord d'un ruisseau (Pont-Croix).

*5142 Bateaux thonniers (Concarneau).
*5143 La ville close au crépuscule (Concarneau).
*5144 Goëlette norvégienne (Concarneau).

VERDILHAN (André-A.), né à Marseille. — 10, quai du Canal, Marseille (Bouches-du-Rhône).

*5145 Etude torse (tendeur de voiles.)
*5146 L'enfant au droit.
*5147 Masque de vieille (étude).
*5148 L'enfant au sac.
*5149 L'enfant au cheval.
*5150 Petits Paillasses.

VERDILHAN (L.-M.), né à Saint-Gilles (Gard). — 12, quai de Rive-Neuve, Marseille (B.-du-R.).

*5151 Prêtre et enfant de chœur.
*5152 Bohémien.
*5153 Marine.
*5154 Etude.
*5155 Dessin.
*5156 Dessin.

VERHOEVEN (Jan), né à Amsterdam. — 13, rue Girardon, Paris.

*5157 Musique mimée.
*5158 La Romanichelle.

*5159 Oiseau.
*5160 Fruits.

WHEELER (Margaret-E.), née en Angleterre. — 8, rue Garancière, Paris.

*5161 Paysage en Belgique.
*5162 Les peupliers.
*5163 Paysage en Brabant.

VIGOUREUX (Paul-Marie), né à Paris. — 54, avenue du Maine, Paris.

*5164 Les lauriers du Généralife (Grenade).
*5165 Porte au soleil (Cuença).
*5166 Les clochetons (Séville).
*5167 Jardins fleuris, Généralife (Grenade).
*5168 Nature morte.
*5169 Nature morte.

VILLARD (Antoine), né à Mâcon (Saône-et-Loire). — 60, boulevard de Clichy, Paris.

*5170 Etude de nu.
*5171 Brume du matin (Moret-sur-Loing).
*5172 Petit jardin (Moret-sur-Loing).
*5173 Etude.
*5174 La rue St-Jacques.
*5175 St-Séverin et la rue St-Jacques.

VIOLLETTE (Eugénie), née à Saint-Julien (Haute-Savoie). — 129, boulevard Montparnasse, Paris.

*5176 Etude de nu.
*5177 Œillets.
*5178 Piments et bananes.
*5179 Fleurs (anémones et giroflées).
*5180 Anémones.
*5181 Nature morte.

VIOTTI (Jean), né à Campertogno (Italie). — Evian-les-Bains (Haute-Savoie).

*5182 Bords du Léman.
*5183 Le ruisseau.
*5184 Lisière de forêt.
*5185 L'étang.
*5186 Maisons en montagne.
*5187 Sapins.

VISCONTI (Bice), né à Milan. — Veruno, Prov. di Novara (Italie).

*5188 Intérieur d'étable.
*5189 Etude de nu (rousse).
*5190 Etude de nu (rousse).
*5191 Nu (étude).
*5192 Nu (étude).

VLAMINCK (de), né à Paris. — 6, rue Laffitte, Paris, chez M. Vollard.

*5193 Paysage.
*5194 Paysage.
*5195 Etude.
*5196 Etude.
*5197 Paysage.
*5198 Paysage.

VOLOT (Jacques), né à Blois. — 42, rue Ribéra, Paris.

5199 Nu de femme couchée.
5200 Nu de femme debout.
5201 Constance (portrait).
5202 Portrait de femme.
5203 Un cadre eaux-fortes figures nues; un cadre eaux-fortes paysages.

VUILLARD (Edouard), né à Cuiseaux. — 26, rue de Calais, Paris.

*5204 Pastel.

WAGNER (André), né à Sèvres. — 156, rue Oberkampf, Paris.

*5205 Moisson.
*5206 Effet de printemps.

*5207 Paysage près Pont-l'Abbé.
*5208 Coups de vent (Bretagne).
*5209 Pins au Hangala (près Quimper).
*5210 Pins et marais.

WAGUET (Lewis), né à Guemps. — 1, rue Cervantès, Paris.

*5211 La moisson.
*5212 Le marais (vallée de la Canche).
*5213 La forêt.
*5214 Les Invalides.
*5215 Maisons à Ecuires.
*5216 L'église de Montreuil-sur-Mer (soir d'octobre).

WALKER (Mlle W.), née en Angleterre. — 1, avenue Sylvestre-de-Sacy, Paris.

*5217 Rue de village.
*5218 Pont à Gretz-sur-Loing.
*5219 Matin de brume.
*5220 Neige.
*5221 Rue (Gretz-sur-Loing).
*5222 Place du Marché.

WARNECKE (Mlle Gertrude), née à Magdebourg. — Berlin, Wormserstrasse, 6 a.

5223 Un début.

WAROQUIER (Henry de), né à Paris. — 7, rue Daguerre, Paris.

Dessins :

*5224 La plage (Ile aux Moines).
*5225 Dessin (Ile aux Moines).
*5226 Marée basse (aquarelle) (Ile aux Moines).
*5227 Ile aux Moines (aquarelle).
*5228 Petite nature morte.
*5229 La grève (dessin) (Ile aux Moines).

WATJEN (Otto de), né à Dusseldorf (Allemagne). — 22, rue de Douai, Paris.

5230 Portrait.
*5231 Nu.
*5232 Portrait.
*5233 Port de Genève.
*5234 Etude.

WEBER (Henri), né à Saint-Pétersbourg (Russie). — 18, rue Vulpian, Paris.

*5235 Sous bois, forêt de Villers-Cotterets (aquarelle).
*5236 Etude d'arbres, forêt de Villers-Cotterets (aquarelle).
*5237 Rue Rebroussepenil, à Blois (aquarelle).
*5238 Momie (aquarelle rehaussée à la gouache).
*5239 La vallée d'Authonne (Oise) (aquarelle).

WEERT (Mme Anna de), née à Gand (Belgique). — 1, rue des Hospices, Gand.

*5240 Dans le vieux Gand: quai de la grue. Les mouettes.
*5241 Soleil couchant.
*5242 Le quai (dessin aux crayons de couleur).
*5243 Chaland sous la neige.
*5244 Façade sur l'eau (crayons de couleur).
*5245 Maisons sur l'eau (crayons de couleur).

WEINBAUM (A.). — 2, passage de Dantzig, Paris.

*5246 Auto-portrait.
5247 Portrait de ma mère.
*5248 Etude.
*5249 Paysage.

WEISE (Elsa), née en Allemagne. — 84, rue d'Assas, Paris.

*5250 Paysage.
*5251 Paysage.
*5252 Etude d'Alve.
*5253 Etude d'Alve.
*5254 Composition.
*5255 Composition.

WEISSMANN (Jacques), né à Paris. — 28, rue Desrenaudes, Paris.

  5256 Portrait d'enfant.
  *5257 Mousquetaire.
  *5258 Soubrette.
  *5259 Vadrouilleuse.
  *5260 Le bréviaire.
  *5261 Rieuse.

WELLS (Théodoria-Mary), née à Londres. — Dangstein Cottage, Rogate-Petenfield (Angleterre).

  *5262 Monnaie du Pape.
  *5263 Fleurs mortes et immortelles.
  *5264 Un coin du vieux moulin.

WESSELHOEFT (Mary-I.), née à Boston (Massachussets). — 3, rue Campagne-Première, Paris.

  *5265 Dessin en couleurs de vitraux.
  *5266 Chartres (après-midi).
  *5267 Le fleuve (Chartres).
  *5268 Le pont après-midi (Tours).
  *5269 Après-midi près de Tours.

WILDER (André), né à Paris. — 4, rue Aumont-Thiéville, Paris.

*5270 Le pont des Arts.
*5271 Le Trocadéro.
*5272 Le boulevard Bourdon, à Neuilly.

WILHEMS (Janus), né au Mans. — 2, rue de Marseille, Paris.

*5273 Le palais ducal et St-Georges à Venise.
*5274 Le port de Cassis (Provence).
*5275 Une route en Provence.
*5276 Le bassin au Tréport.
*5277 Matinée de septembre à Cassis.

WILSIN (Charles), né à Gray (Haute-Saône). — 28, rue Ballu, Paris.

*5278 Calme du soir, Raguenès (Finistère).
*5279 Le matin à Moussy (Vexin français).
*5280 Côte stérile (Finistère).
*5281 Marée montante (Pointe de la Jument) (Finistère).
*5282 Rochers à Port-Manech (Finistère).
*5283 Chapelle de Tremalo à Pont-Aven (Finistère).

WITTE (Edouard), né à Vienne (Autriche). — 9, rue Campagne-Première, Paris.

*5284 Coin d'atelier.
*5285 Pommes et figues (nature morte).
*5286 Fleurs (nature morte).
*5287 Femme nue.
*5288 Deux nus.

WOLFF (Gustave-Henri), né à Zittau. — 57, rue Caulaincourt, Paris.

5289 Gouache.
5290 Dessins à la plume.

WOLFF (Mlle Sophie), née à Berlin. — 58, rue d'Assas, Paris.

*5291 Femme se déshabillant.
*5292 Fruits et légumes.
*5293 Etude (négresse).
*5294 Rose de Noël.
*5295 Nature morte.
*5296 Femme se lavant (plâtre).

YAKIMTCHENKO (Alexandre), né à Moscou (Russie). — 7, rue Belloni, Paris.

*5297 Neige.
*5298 Nature morte.

*5299 Nature morte.
*5300 La neige sur les toits.
*5301 Fille.
*5302 Dessins.

YSERN Y ALIÉ (P.), né à Barcelone. — 130 ter, boulevard de Clichy, Paris.

*5303 Mlle Mascotte (danseuse de quadrille).
*5304 Renée (nu).
*5305 Blanc et lumière (quadrille).

ZAK (Eug.), né à Varsovie. — 18, impasse du Maine, Paris.

*5306 Sur l'eau.
*5307 Femme aux fleurs.
*5308 Tête de femme (a).
*5309 La fuite en Egypte.
*5310 Tête de femme (b).
*5311 Nature morte.

ZAKRZEWSKA (Mme Helena), née à Varsovie (Pologne). — 5, rue de la Barouillère, Paris.

*5312 Projet de cartes (à trois panneaux).
*5313 Portrait au pochoir.
*5314 Frise au pochoir.
*5315 Caïn.

ZEZZOS, (Georges), né à Venise (Italie). — 16, boulevard Edgar-Quinet, Paris.

*5316 Jeune fille de Venise.
*5317 Oisiveté.
*5318 Le philtre.
*5319 Un billet.
*5320 Le mauvais jeu.
*5321 La maison rouge, Venise (aquarelle).

Supplément A

AUDIBERT (Louis), né à Marseille. — 43, rue de Seine, Paris.

✽5322 La belle Madon d'Allauch.
✽5323 Les vieux moulins (Provence).

BARBIER (André), né à Arras. — 20, quai d'Orléans, Paris.

✽5324 Notre-Dame de Paris.
✽5325 La Rochelle.
✽5326 Notre-Dame de Paris.
✽5327 La Rochelle.
✽5328 Notre-Dame de Paris.
✽5329 La Rochelle (impression).

BEAUPRÉ (Emile de), né à Rochefort-sur-Mer. — 236, boulevard Raspail, Paris.

5330 Nature morte.

BEDOILLE (Mlle Louise), née à Paris. — 3, rue Palatine, Paris.

*5331 Au village nègre (Biskra).
*5332 Mohammed.
*5333 Négresse (Biskra).
*5334 Pommiers en fleurs.
*5335 Tête d'enfant (étude).

BELLANGER (Mme Louise), née à Saint-Omer (P.-de-C.). — 57, rue Laugier, Paris.

*5336 Oranges et violettes.
*5337 Dans la forêt (aquarelle).
*5338 L'étang de Saint-Cucufa.
*5339 Le matin à Buzenval.
*5340 Tête de Florentin (xvie siècle).
*5341 Fleurs et poteries.

BERNIÈRES-HENRAUX (Mme), née à Tien-Tsin (Chine). — 60, avenue Victor-Hugo, Paris.

*5342 Hallucinée (bronze cire perdue).
*5343 Enchantement ! (marbre).
*5344 Esclave ! (plâtre).

BIVA (Lucien), né à Paris. — 29, rue des Vinaigriers, Paris.

*5345 La cueillette du jardin.
*5346 Le chemin de Long (Nord).
*5347 La prairie blanche.
*5348 Le pont Marie (Paris).
*5349 La maison du garde.
*5350 Le bord de l'eau.

BORNOZI (Mlle Diana), née à Vienne. — 32, rue Pierre-Charron, Paris.

5351 Portrait de Mlle C. B...
5352 Portrait de la sœur de l'artiste.
*5353 Tête de Napolitain.

BREIL (C. du), né à Paris. — Chez M. Romey, 42, avenue de Wagram, Paris.

*5354 Vue de Venise.
*5355 Le Nil.
*5356 Les Pyramides.
*5357 Baabda (Liban).
*5358 Environs de Baabda (Liban).

CAMUS (Paul-Adrien), né à Paris. — 142, rue Lamarck, Paris.

    *5359 Lorient (le port de commerce).
    *5360 Ile Bréhat (étude de vague).
    *5361 A marée basse (environs de Paimpol).
    *5362 La rivière du Trieux (étude).
    *5363 Le port Haliguen à Quiberon (étude).
    *5364 La baie de Cancale à marée basse.

CARRERA (Augustin), né à Madrid. — 2, rue Méchain, Paris.

    *5365 Coin de verger.
    *5366 Les petits pins.
    5367 Portrait de M. A. E...
    *5368 Les drapeaux.
    *5369 Les cyprès.
    *5370 La maison.

CARRÈRE (Paul). — 56, rue du Hautoir, Bordeaux.

    *5371 La luxure.
    *5372 L'avarice.
    *5373 La paresse.
    *5374 L'orgueil.
    *5375 La colère.
    *5375 bis La gourmandise.

COKCROFT (Edythe-Varian), née à Brooklyn (U. S. A.). — Berge et C°, Allendale, New-Jersey (U. S. A.), et chez M. L. Lefebvre-Foinet, 19, rue Vavin, Paris.

 5376 Acheteuse de cheveux.
 5377 Saint-Germain-des-Prés.
 5378 Au Luxembourg.
 5379 Au Luxembourg.

DELUC (Gabriel), né à St-Jean-de-Luz. — 2, passage Dantzig, Paris.

 *5380 Neige.
 *5381 Pont au pays basque.
 *5382 Coin de port.
 *5383 Paysage (étude).
 *5384 Fleurs.
 *5385 Etude.

DETRAUX (Mme Yvonne), née à St-Aubin-sur-Mer (Calvados). — 4, rue de la Sorbonne, Paris.

 *5386 Au soir (panneau décoratif).
 *5387 Falaise au Pouldu.
 *5388 Entrée de la forêt de Clohars-Carnoët.
 *5389 La pelouse.
 *5390 Pendant la pose.
 *5391 Clos au Pouldu.

EDELMANN (Abel), né en Russie. — Passage de Dantzig, Paris.

*5392 Sauvetage.
*5393 Deux inondés.
*5394 Les solitaires.
*5395 Automne au Bois de Boulogne.
*5396 Automne au Bois de Boulogne.
*5397 Bois de Boulogne.

FAVRE (Pierre-André). — 18, boulevard du Temple, Paris.

*5398 Nature morte.

FAVRE-LANOA (Marie-Thérèse). — 18, boulevard du Temple, Paris.

*5399 Nature morte.
*5400 Etude de nu.
*5401 Paysage (toits sous la neige.)
*5402 Dessins.
*5403 Dessins.
*5404 Dessins.

FOLSOM (E.-F.), né en Amérique. — 78, rue d'Assas, Paris.

5405 Intérieur.
5406 Intérieur.
5407 Intérieur.

GALLAND-DUBOS (Alexandre), né à Villemaréchal (Seine-et-Marne). — 73, boulevard du Montparnasse, Paris.

*5408 Vue de la Seine à Montereau (tryptique).
*5409 Pont de Montereau sur l'Yonne.
*5410 Les Toyères (Sarthe).

GARDENTY (Georges), né à Paris. — 13, impasse Mousseau, St-Ouen (Seine).

5411 Place des Carmes (Bretagne).
5412 Sur la place du marché (Bretagne).
5413 Sortie de la messe (Bretagne).
5414 Vieille église (Bretagne).
5415 Marché aux légumes (Bretagne).
5416 Jeune Nigoudaine (Bretagne).

GENSEL (H.), né à Lyon. — 90, rue Lepic, Paris.

*5417 Moulin de la Galette.
*5418 Route de Moëlan.
*5419 Kerfany.
*5420 Effet de neige.
*5421 Etude.

GODON. — 70, rue Rochechouart.

5422 Panneau décoratif.

GOUEY (Henriette), née à Paris. — 20, avenue de la Reine, Boulogne-sur-Seine.

*5423 Glaïeuls.
*5424 Roses.

GUIET (Jean-Michel-Eugène-Adrien). — 6, rue Desaix, Paris.

5425 Vampire (Folies-Bergère).
5426 Croquis Lysistrata (pastel).
5427 La Manche (gouache).
5428 La Manche (gouache).
5429 La Manche (gouache).
5430 La Manche (gouache).

GUELDRY (Charles-Albert), né à Amiens (Somme). — 5, rue Cervantès-prolongée, Paris.

*5431 Pommes.
*5432 Rochers de Bretagne.
*5433 Pêches.
*5434 Faucheurs (étude).
*5435 La sieste (Bretagne).
*5436 Jeune fille à la baratte.

GUTTERO (Alfredo), né à Buenos-Ayres. — 24, rue Morère, Paris.

*5437 Dans les champs.
*5438 Etude (portrait).

HALPERT (Sam), né en Russie. — Chez M. Moschovitz, 24, quai du Louvre, Paris.

    *5439 Le coteau.
    *5440 Les bateaux de pêche.
    *5441 Paysage.
    *5442 Les trois arbres.
    *5443 Au bord de la Seine.
    *5444 Le pont Vernon.

HENRI-MATISSE. — 42, route de Clamart, Issy (Seine).

    5445 Jeune fille aux tulipes (appartient à MM. Bernheim jeune, 13, rue Richepanse.

HOUTEN (Georges Van). — 31, rue Saint-Lazare, Paris.

    *5446 Vache à l'ombre.
    *5447 En compagnie.
    *5448 Sur le chemin.
    *5449 L'heure de trayer.
    *5450 Femme devant sa porte.

ITTER (Julian-E.), né aux Etats-Unis d'Amérique. — 17, rue Boissonade, Paris.

    *5451 Une rue à Montreuil-sur-Mer.

JACKSON (Ethel-Bè), né en Angleterre. — 118, rue de Vaugirard, Paris.

*5452 L'église St-Pierre (Chartres).
5452 bis Souvenir de Chartres.
5453 bis Souvenir de Chartres.
5454 bis Souvenir de Chartres.
5455 bis Souvenir de Chartres.

JAVANELLE (Henry), né à Vincennes (Seine). — 72, boulevard de Port-Royal, Paris.

*5453 Chapelle St-Honorat (Alyscamp).
*5454 Allée des Peupliers (Alyscamp).
*5455 Feuilles mortes (Alyscamp).
*5456 Carrière au soleil (midi).
*5457 Pont du Gard.
*5458 Tête de femme (étude).

JOLY (Mlle Jeanne), née à Marcigny. — 11, rue Daniel-Stern, Paris.

*5459 Princesse persane jouant de la mandoline (pastel).
*5460 Fleurs d'été (fond bleu) pastel.
*5461 Dahlias (très flou) (pastel).
*5462 Bouquet (oval fond vert) pastel.
*5463 Giroflées et violettes (pastel).
*5464 Ignas et Marguerites (pastel).

JOSSOT, né à Dijon. — 2, rue Carnot, à Rueil S.-et-O.).

*5465 Marchand sous la tente.
*5466 Une rue à Bou-Saâda.
*5467 Rue couverte à Bou-Saâda.
*5468 Caravane au repos.
*5469 Laissons les morts enterrer leurs morts.

KARPELÈS (Andrée), née à Paris. — Chez M. L. Lefebvre-Foinet, 19, rue Vavin, Paris.

*5470 Coin de table.
*5471 Nature morte.

KIRÉEVSKY (Etienne), né à Maisons-Laffitte. — 65, avenue Marceau, Paris.

5472 Portrait de la princesse Baratoff.
   (Appartient à la princesse Baratoff).
*5473 Une parisienne.
*5474 « Carmen ».

LABARRAQUE (Henri), né à Paris — 4, rue Camille-Tahan, Paris.

*5475 L'inondation.
*5476 L'inondation.

*5477 Bord de la Seine.
*5478 Etude.
*5479 Etude.
*5480 A Paris-Plage.

LADUREAU (Pierre), né à Dunkerque. — 14, avenue du Maine, Paris.

*5481 Vieux puits (Plougasnou, Finistère).
*5482 Le Dibben (Finistère).
*5483 Porche de Saint-Jean-du-Doigt, le soir (Finistère).
*5484 Guimaec (Finistère).
*5485 Porche de St-Jean-du-Doigt, le matin (Finistère).
*5486 Grille du cimetière de Saint-Jean-du-Doigt (Finistère).

LEMPEREUR (Edmond), né à Oullins (Rhône). — Chez M. Dominique Bonnaud, 73, rue Pigalle, Paris. — Sociétaire décédé.

*5487 Au moulin de la Galette.
*5488 Un coin de pesage.
*5489 Le promenoir.
*5490 Le pesage.
*5491 Le moulin (étude).
*5492 Etretat (étude).

LEROUX (Louis), né à Courbevoie. — 27, avenue Mac-Mahon, Paris.

    5493 Inondations 1910 (Nanterre).
    5494 Campagne des Mureaux (St-et-O.).
    5495 Bruyères (bois de Bécheville) S.-et-O.
    5496 Plaine des Mureaux (S.-et-O.).
    5497 Chemin de Bécheville-les-Mureaux.

MARCUS (Mlle Suzy), née à Paris. — 69, rue d'Hauteville, Paris.

    *5498 Négresse.
    *5499 Monnaie du Pape.
    *5500 Chrysanthèmes.
    *5501 Cuivre.

MASSOT (Miquel), née à Barcelone (Espagne). — 9, rue Campagne-Première, Paris

    *5502 Nature morte.
    *5503 Nature morte.
    *5504 Nature morte.
    *5505 Panneau décoratif.

MAYER (Editha von), née à Zittau (Kgr. Sachsen). — 33, boulevard des Invalides, Paris.

    *5506 Fleurs de printemps.
    *5507 Vue sur le boulevard.

*5508 Intérieur.
*5509 Nature morte.
*5510 Boulevard des Invalides.
*5511 Boulevard des Invalides.

MERCOYROL (Marguerite), née à Constantine. — 4, rue du Maure, Laigle (Orne).

5512 Laigle (le soir).
5513 Paysage.
5514 Paysage.

METHEY (André), né à Dijon. — 3, rue du Maine, (Asnières).

5517 Coupe terre vernissée (décor vert et noir.
5518 Coupe à anses (terre vernissée).

NORMAND (Constant), né à Paris — Dieppeville (Seine-Inférieure).

*5519 La Seine à Petit-Couronne (aquarelle).
*5520 Paysage à Fontaine-sous-Préaux (Seine-Inférieure). aquarelle.
*5521 Montluçon (place des Sabots) (aquarelle).

*5522 Paysage à Notre-Dame-de-Bondeville (Seine-Inférieure) aquarelle.
*5523 Château de l'Ours (Allier) (sépia).
*5524 Hérisson (Allier) (sépia).

NOURIGOT (Emile), né à Maraussan (Hérault) — 15, rue Payenne.

*5525 Le faune et la nymphe.
*5526 Nymphe dansant.
*5527 Eglogue.
*5528 Danse antique.
*5529 Le jugement de Pâris.

PERGELINE (Jules), né à Nantes. — 43, avenue Trudaine, Paris.

*5530 Etude.
*5531 Etude.
*5532 Etude.
*5533 Etude.

PETROFF (Mme Anne), née en Russie. — 11, place du Panthéon, Paris.

*5534 Portrait.
*5535 Etude des tours de Notre-Dame.
*5536 Etude des tours de Notre-Dame.
*5537 Fontaine de Médicis.

PRINGAULT (Mlle Julia), née à Rennes. — 5 bis, villa de Villiers, Neuilly-sur-Seine.

 5538 Effet de soleil (automne).
*5539 Dahlias, Cactus (plein air).
*5540 Pâquerettes.
*5541 Pavillon français (Versailles).
*5542 Versailles (coin du parc).

PUY (Jean), né à Roanne. — 128 bis, boulevard de Clichy, Paris.

*5543 Enfant lisant.
*5544 Portrait de fillette.
*5545 Odalisque.
*5546 Paysage (Benodet).
*5547 Paysage (Sainte-Marine).

REYMOND DE BROUTELLES (M.), né à Genève. — 11, rue Malebranche, Paris.

*5548 Mer de Gascogne.
*5549 Dunes de Gascogne.
*5550 Coucher de soleil.
*5551 Dunes et forêts.
*5552 Forêt de pins.
*5553 Route dans la forêt.

RICHARDSON (Mme Anna). — Chez Lucien-Lefebvre Foinet, 2, rue Bréa.

*5554 Esquisse.
*5555 Paysage.
5556 Diana.
5557 Gabrielle.
*5558 Esquisse.
*5559 Après la pluie.

RIVAUD (Charles), né à Boismorand (Loiret). — 23, rue de Seine, Paris.

5560 Vitrine (bijoux).

ROBOA (Mme Blanche), née à Paris. — 20, rue Choron, Paris.

*5561 Soupière et branches de cerises.
*5562 Plat bleu et oranges.
*5563 Panier de pommes.
*5564 Panier oranges et fleurs.
*5565 Nature morte (roses et pommes).
*5566 Chat blanc.

ROUSSEL (Xavier). — Chez MM. Bernheim jeune, 15, rue Richepanse, Paris.

*5567 L'enlèvement des filles de Leucippe.
(appartient à MM. Bernheim jeune, 15, rue Richepanse).

RUHLMANN (Jacques), né à Paris. — 14, rue Georges-Ville.

5568 En mai (étude).
5569 La neige (étude).
5570 Etude (Lozère).
5571 Etude (Savoie).
5572 Dans un coin.

SAINVILLE (F. de). — 56, rue Notre-Dame-de-Lorette, Paris.

5573 Portrait.

SCHLENSNER (Mlle). — 77, rue de Varenne, Paris.

***5574** Tristan et Isolde.
***5575** Brouillards.
***5576** Venise.
***5577** Derniers rayons.
***5578** Portrait de Mme la comtesse Haga.
***5579** Hamlet et Ophélie.

SIMMONS (Will), né à Eldié (Espagne). — 15, rue Le Verrier, Paris.

*5580 La rue de Bercy inondée.
*5581 Au Luxembourg (causeuses).
*5582 Renards.
*5583 Bords de la Seine.
*5584 Vautours Pape.
5585 Renard bleu.

SIMONET (Louis), né à Paris. — 25, rue du Mont-Thabor, Paris et 12, rue du Laboureur, Bois-Colombes.

*5586 Marine, St-Enogat (Ille-et-Vilaine).
*5587 Marine, St-Enogat (Ille-et-Vilaine).
*5588 Un coin de Vernonnet (Eure).
5589 Roses.

SUE (Louis), né à Bordeaux. — 70 bis, rue Notre-Dame-des-Champs, Paris.

*5590 Nature morte (Euphorbia).
*5591 Femme au corsage rayé.
*5592 Nature morte (tulipes).
*5593 Femme au turban.

TERRY (J.-A.). — né à York. — The Firs, Sleights.
R. S. O. Yorks (Angleterre).

*5594 The Cricket Match.
*5595 Sur la terrasse.
*5596 Le Musée.
*5597 Le croquet.

THIN (Henri), né à Paris. — 28, rue du Grenier-
St-Lazare, Paris.

*5598 La partie de dames.
*5599 On visite...
*5600 Modes de l'Empire.
*5601 Chez une merveilleuse.
*5602 Portrait de Mme S. S. G...
*5603 Bretons.

TROMLLET (Géo). — 25, boulevard de la Madeleine, Paris.

5604 Paysage.

VALTAT (Louis), né à Versailles. — Chez M. Vollard, rue Laffitte, 8; Anthior, par Agey (Var).

*5605 Nature morte.
*5606 Nature morte.

WALLACH (Edouard), né à Paris. — 19, rue des Moines, Paris.

 5607 Esquisse plâtre (statuette).
 5608 « Eux » portrait (médaillon).
 5609 Portrait de M. F. R... (médaillon).

WALLIS (Robert). — 69, boulevard Pereire, Paris.

 5610 Danse villageoise.
 5611 Dante au purgatoire.
 5612 Salomé et Hérode.
 5613 Don Juan et Haydée.
 5614 Marie Madeleine.

YERME (Emile), né à Mulhouse (Alsace). — 26 *bis*, rue Nansouty, Paris.

 5615 Porta Portello, Padova (fragment de décoration).
 *5616 Le pont de pierre à Rouen.
 *5617 L'eau de Robec (Rouen).
 *5618 La rue de la Grande Mesure (Rouen).
 *5619 Bateau charbonnier (Rouen).

Supplément B

AMELIN (Paul), né à Paris. — 54, boulevard de Vaugirard, Paris.

*5620 Mosquée de Cordoue.
*5621 Patio à Cordoue.
*5622 Rio à Grenade.
*5623 Rade, cap Ferrat (Alpes-Maritimes).
*5624 Oliviers (cap Ferrat).
*5625 Pins, cap Ferrat (Alpes-Maritimes).

BADOCHE. — 30, rue Allard, Saint-Mandé (Seine).

5626 Caillettes (statuettes plâtre).
5627 L'Homme et la Chimère (maquette de monument).

DEMANCHE (Blanche), née à Douai (Nord). — 93, rue Lafayette, Paris.

*5628 Chemin dans la falaise (Berneval).
*5629 Chemin dans la falaise (Berneval).
*5630 L'Aiguille (falaise) (Berneval).
*5631 La mer (effet de soir).
*5632 Berneval (la plage).
*5633 La mer (effet de soir).

FOURNIER (Pierre-Paul), né à Châteaudun. — 21, rue de Berlin, Paris.

*5634 Soir d'été.
*5635 Attente vaine.
*5636 Saint-Moritz.
*5637 Retour du bal.
*5638 Derby d'Epsom.

GODON (Julien). — 70, rue Rochechouart, Paris.

*5639 Panneau décoratif (l'hyménée).

HALAY (Maurice), né aux Andelys (Eure). — Kernilahouen (Belle-Isle-en-Mer) (Morbihan).

*5640 L'Océan et la Côte Sauvage (la houle).
*5641 L'Océan et la Côte Sauvage (le coucher du soleil à Port-Hordez).
*5642 L'Océan et la Côte Sauvage (houle et remous sur le Rouget-Deo).

JONCHERY (Charles-Emile), né à Paris. — 3, villa Brune, Paris.

*5643 Salomé (l'apparition) (groupe décoratif) (plâtre).
*5644 Une vitrine contenant :
La fessée (groupe plâtre).
Sans abri (groupe plâtre patiné).
Graine de bitume (statuette plâtre).
Bouton de rose (statuette plâtre).
Heureux de vivre (statuette plâtre).

LANSON (Albert), né à Ménestérol, près Monpont (Dordogne). — 75, rue de la Procession, Paris.

5649 Vitrine en fer forgé contenant des œuvres en fer forgé repoussé au marteau et ciselées, dont la tête de Victor Hugo, une coupe à fruits, une glace à main et des études de fleurs : total : dix pièces.

OLINSKY (Ivan-G.), né en Russie. — 9, rue de la Grande-Chaumière, Paris.

*5650 L'église de Saint-Marc.
*5651 Cours de Remer. (Venise).
*5652 Café Florian (Venise).
*5653 La sérénade dans le bassin de Saint-Marc (Venise).
*5654 La crépuscula.
*5655 Entrée de l'église Saint-Marc.

ROBOA (Mme Blanche). — 20, rue Choron, Paris.

*5656 Soupière et branches de cerises.
*5657 Plat bleu et orange.
*5658 Panier de pommes.
*5659 Panier (oranges et fleurs).
*5660 Chat gris.
*5661 Chat blanc.

ROMAIN-FRIZE (Mme Julie-G.), née à Paris. — 85, avenue de Saint-Cloud, Versailles (S.-et-O.).

*5662 Le temple de l'amour.
*5663 Entrée du Petit-Trianon.
*5664 Effet d'automne à Trianon.
*5665 Les rocs.
*5666 Effet de soleil à travers les sapins.
*5667 Gros temps.

STELLETZKY (Dmitri), né à Saint-Pétersbourg. — 15, rue Boissonade, Paris.

*5668 L'aurore.
*5669 La journée.

MATÉRIEL pour les BEAUX-ARTS

Le plus grand Assortiment — Tout article marqué en chiffres connus
Bons escomptes aux Artistes

The Paris American Art Co.

Deux Magasins : 125, Boulevard du Montparnasse **PARIS**
et 2, rue Bonaparte

Couleurs des Marques suivantes toujours en Magasin :

Blockx (JACQUES), couleurs à l'huile et couleurs à l'ambre

Dr Fr. Schoenfeld & Co.
Couleurs extra-fines à l'huile.
— Fines à l'huile, série A. 1 fr.
— Académic tubes n° 1 à 0.90
— Ariston Tempera (brillante)
— à la Caséine (mate) pour grands décors.
— Décoration Tempéra.
— à l'Ambre (procédé Ludwig)
— à la Renaissance, procédé Fleischer.
— à l'Œuf (mince mais très couvrante).
— Tempéra Lechner ne changeant pas en séchant.
— à l'Aquarelle.
— à la Gouache.
— Lukas Tempéra.

Fritz Behrendt
Couleurs pures à base d'huiles résineuses éthérées.

Couleurs Weimar
Fabriquées dans le Laboratoire de l'Ecole des Beaux-Arts, Grand-Ducal de Saxe, à Weimar
S'emploient comme couleurs à l'huile ou comme détrempe mate ou brillante. On peut interrompre ou reprendre le travail à volonté. Elles ne changent pas de ton en séchant.

Geo Rowney Couleurs à l'huile et couleurs à l'aquarelle

Lefranc Couleurs à l'huile extra-fine et décor, couleurs à l'aquarelle et à la gouache, couleurs à l'huile RAFFAELLI en bâtons, couleurs MUZZI (tempera brillante).

Edououard Couleurs à l'huile.

Paillard Couleurs pour l'aquarelle.

Linel Laques de garance de toutes nuances.

PASTEL MACLES
D'autres marques fournis sur demande

TOILES A PEINDRE
100 sortes à choisir.

CHASSIS PFLEGER (brevet américain) à clef, très solide, bon marché, à montants interchangeables. Avec deux châssis différents, on peut recombiner les montants pour faire quatre autres formats. Avec 3 châssis on peut faire 12 autres formats. avec 4 on peut en faire 24, etc.

BROSSES et PINCEAUX de toutes formes

Matériel français et étranger :
Derniers modèles fabriqués pour la Sculpture, la Gravure à l'eau-forte, le Dessin de toute nature, la Campagne.

ENCADREMENTS
Grand choix de modèles.
Service des Expositions.

MANNEQUINS Vente et Location.

Papiers aquarelle et à dessin, français et étrangers, blanc et couleurs fixe. Papier aquarelle O. W., entièrement lin, chimiquement pur, fabriqué sous la surveillance et garantie de The Royal Water Colour Society, à Londres.

Rentoilage, Réparation et Restauration de tableaux.

Nous ne sommes pas fabricants
Nous offrons les meilleurs articles de tous fabricants à leur plus bas prix.

" A l'Académie de Peinture "
Maison CHAUVIN
Fournisseur du Musée National du Louvre
33, rue du Dragon, PARIS

FABRIQUE DE CADRES

Gothique

Bois sculpté et Imitation de Style Ancien

Exposition Univers. Paris 1900 Médaille d'Or

Cadres Hollandais

Bois des Iles, Acajous, Erables, Ebènes véritables plaqués

Téléph. 732-92   Téléph. 732-92

Maison de la Palette d'Or
(Fondée au XVIIIᵉ Siècle)

E. BLANCHET

38, rue Bonaparte -- PARIS
(Place Saint-Germain-des-Prés)

Couleurs extra-fines, chimiquement pures.
Toiles à Tableaux de toutes largeurs.
Toiles absorbantes, Toiles détrempe Whistler, etc.

Envoi du Prix-Courant illustré sur demande.

Le Garde-Meuble Public
AGRÉÉ PAR LE TRIBUNAL
BEDEL & Cie

BUREAUX . . { 18, Rue Saint-Augustin ; 18, Avenue Victor-Hugo (Passy).

MAGASINS . . { Rue Championnet, 194 (Av. de St-Ouen) ; Rue Lecourbe, 308 (Vaugirard) ; Rue de la Voûte, 14 (Reuilly) ; Rue Véronèse (Gobelins) ; Rue Barbès, 16, à Levallois-Perret.

PARIS

Transports de Tableaux aux Expositions

La Maison **BEDEL et Cie** (18, rue St-Augustin) se charge, aux conditions suivantes, du transport dans Paris des œuvres d'art destinées aux Expositions :

Tableaux ne dépassant pas 1 mètre de côté : 1 fr. 50
— — 1m50 — 2 fr. »
— — 2 mètres — 3 fr. »

Pour les tableaux de plus de 2 mètres, envoyer les dimensions pour avoir les prix.

MAGASINAGE DE TABLEAUX

Pour conserver dans nos Magasins les Tableaux que les Artistes ne peuvent reprendre immédiatement chez eux :

Prix par mois :

Tableaux ne dépassant pas 1 mètre de côté : 1 fr. »
— — 1m50 — 1 fr. 50
— — 2 mètres — 2 fr. 50

Plus, **0 fr. 30** *par mille francs et par mois pour l'assurance contre l'incendie.*

Paul Foinet Fils

21, rue Bréa, 21

(AU COIN DE LA RUE STANISLAS)

Téléphone 703-01

Toiles et Couleurs fines

FOURNITURES DIVERSES

Fabrique de Couleurs Fines & Toiles à peindre

REVEL & COCCOZ

33 bis, Boulevard de Clichy, PARIS

SPÉCIALITÉS

d'Encadrements & Rentoilages

ARTICLES DE DESSIN

Pastel, Aquarelles & Gouache

L'ÉMANCIPATRICE, 3, RUE DE PONDICHÉRY, PARIS (XV⁰) — 8465-3-10.

www.ingramcontent.com/pod-product-compliance
Lightning Source LLC
Chambersburg PA
CBHW070433170426
43201CB00010B/1076